頭に来ても
アホ
とは戦うな!
賢者の反撃編

Method with the stress
of human relations as power.

田村耕太郎

朝日新聞出版

あなたの人生の最後の瞬間を思い浮かべてほしい
本当に自分の人生を生きてきただろうか?
誰かの目を、誰かの期待を、基準にして生きていないか?
他人はあなたの人生に責任を持ってくれない
あなたが、あなたの人生の行先を決める唯一の人物なのだ
あの世に持っていけるのは思い出だけ
今の生き方で、後悔しないで納得のいくいい思い出を持っていけるのか?

はじめに

自分の時代さえよければいいというアホ

『頭に来てもアホとは戦うな！』（以下アホ本）を書かせていただいてから、早くも9年の時が過ぎた。その間、コロナ禍やウクライナ戦争を経て世界は変わった。２０２２年７月にほぼ2年ぶりに祖国日本を訪れて、しっかりとした変化を感じる。

アホ本を新刊時に読んでくださった方々であれば、あれから8年の齢を重ねておられる。発売当初、所属する組織で新人や若手だった方々も部下ができ、立派な管理職になっておられるだろう。家族を持たれて子育てや介護に精を出されている方々もいらっしゃるだろう。住まいを移られて新しい環境で生活を始めておられる方もいらっしゃるだろう。

私が住んでいるシンガポール、東南アジアも8年の間に激変した。デジタル化が一気に進み、スマホ一つで配車から食事デリバリーから納税からワクチン接種予約から資産運用から各種証明書発行までできるようになった。テレビ会議はデファクトスタンダードとなりオフィスで同僚と会う機会は激減した。プラスチックのストローや買い物袋も姿を消した。街にも電気自動車、電動バイクや電動スクーターが増えた。代替肉やベジタリアン向けのメニューも増えた。

日本も同じような傾向がみられる。久しぶりに訪れた日本はやはり素晴らしい。食べ物は美味しいし、どこへいっても清潔だ。こんなことを喜んでばかりはいられないが、サービスや品質に比べてほとんどのものがシンガポールやアメリカより安価だ。しかも、米ドルやシンガポールドルで生活している我が身にとって、それらを使うと２０２２年初頭から加速している円安でさらに割安に感じる。

若者が減っているのに、彼らを経済成長の最先端に配置できていないとすると日本の将来は厳しい。円安もあり、ドル建てでの日本経済の低迷はこの8年で拍車がかかっている。日本は「皆で貧しくなろう」「皆で貧しくなれば怖くない」と暗黙（？）の合意ができているようにも見えてしまう。実際、日本のテレビをつけると識者と思われるコメンテーターが「日本は衰退するが受け入れればいい」というようなことを言っていた。

「おいおい。国力を落とすことを合意してどうする。若い人に暗い未来を渡す気か？」と言いたい。われわれの世代やその上の世代が、「自分の時代さえよければいい」と言わんばかりに、政治を動かして借金を増やし続け、それを数が減り続ける若者にバトンパスするのだ。

嘆かわしいことだ。

そして日本の地政学的な位置は、日本が貧しくなることを許さない。私は政治家時代、今暮らしているシンガポールの建国の父、故リー・クワンユー氏と三度面会する機会を得た。歯に衣《きぬ》着せぬ氏は私に「私が若い日本人で英語を話せたら、日本を間違いなく出ていくだろう」と真顔で言った。それは経済や財政が理由ではない。

中国やロシアの隣で、小さく貧しく老いていくことは許されないと故リー・クワンユー氏は言いたかったのだ。「国際法など誰も執行できない。世界にあるのは〝ジャングルの掟〟のみ」。中国やロシアのような強大で強権的な国家の隣で国力を落とせば、国家の存亡の危機になるのだ。国連もアメリカも、いざとなれば、本気で他国のために戦ってくれないことはウクライナ戦争で明らかになっている。

アホをこれ以上増やさないために

２０１４年の私は、おもに個人の処世術としてアホ本を書いた。個人でも国家でも基本的に、無駄に戦わずして、目的に集中して目的を達成するのがベストだろう。戦争の書である孫子の兵法にもそう書いてある。しかし、だからと言って、アホが増殖しているとしたら、それを避けてばかりで個人的な目的達成を目指すだけで本当にいいのだろうか。

また、8年経って、アホに苦しんでいた読者の皆さんが、管理職や若手を指導する立場になって、彼らにとってアホになっていないだろうか。アホになってしまうことは、個人や組織の戦闘力を落とすことにつながる。アホが跋扈《ばっこ》する組織には有能な人材は近づかない。数少ない若い優秀な人材を奪い合う、大人材獲得競争が世界で起こっているが、これは日本でも間違いなく加速する。アホが増えれば、その社会や組織は衰退する。

アホ本の中でも、実は時と場合によっては「アホと戦え」と説いているが、より衰退し窮屈になっていく可能性が高い日本社会で、上手にアホと戦うコツもこの第二弾アホ本では紹介したい。ご自身のために、所属される組織や、日本社会のために。

また、「アホ取りがアホにならない」策についても記してみたい。私も含めて、アホに苦労してきた人間は、知らないうちに自分をアホ化してしまう可能性がある。アホは伝染するのだ。

私が時間を過ごす、シンガポールやアメリカにはアホはいるが、アホに苦しみ続ける人は日本よりずっと少ない。そのあたりの理由についても共有したい。アホに苦しむのは個人的な理由もあるが、社会の仕組みによるところが大きいのだ。

アホが増えることは、心の病を引き起こし、社会の活力を停滞させる。まだまだ日本には国力を増進させるポテンシャルはある。もちろん時間とともにそれは減少しているが。まだToo Lateではないと信じたい。本書が少しでも読者の皆さんの心の健康と個人的目的達成に役立ち、日本の衰退を止め、国力増進につながることになれば、これ以上の喜びはない。

田村耕太郎

頭に来てもアホとは戦うな！　賢者の反撃編　目次

第2章 アホを観察すると自分が成長する

第3章 あなた自身がアホにならないために

第4章

アホの壁を越え、あなたがリーダーに

第5章

アホは世界からいなくなるのか

ブックデザイン　小口翔平＋畑中茜（tobufune）

1章

アホと戦わずに戦う

アホとの戦いは消耗戦であると心得よ

戦わずに戦う

既存の体制の中で賢く立ち振る舞うか？　あるいは体制をよりよく変えていくべく立ち上がるか？　あえて二項対立の設定とするならば、私はやや前者の立場に立って前作のアホ本を書き、それが思わず広く受け入れられた。なぜなら、アホと戦うことは何も生み出さず、ただ精神を消耗するだけだからだ。

ただ一方で、特に正義感あふれる若い方々から「そんな風に皆がアホから逃げていては社会にアホがはびこりよくならない」という批判の声も届く。まさにその通り。既存の体制の中で、賢く振る舞っていると、その行為自体が既存の体制を強化してしまう。賢く振る舞いながらもいつか力をつけて体制を改革しようと思っても、自ら強化してしまったその体制が自分の手足をもいでしまう。賢く振る舞う過程で作った貸し借りで、まともな恩義・仁義の心を持っていれば持っているほど何もできなくなる。

本音では皆がアホに対してアベンジャーズのように立ち上がって戦ってほしい。声を上げることの大切さは今の「世界の分断」や「地球温暖化」の問題を見る限りとてもよくわかる。

アホと戦うのは若者の特権でもある。エネルギーも時間も豊富。そこで戦いに敗れ傷ついても、回復は早いし、致命的なダメージにならない点も若者の利点である。

戦うことの意義や、戦いが思い通りにならないことも早いうちに学んでほしい。勝つためにはどういう戦略・戦術が必要かも知ってほしい。なぜなら、守るものができ、人生の目標がはっきりし、立場もできあがってきてから、アホと戦うことは容易ではないからだ。まず、失うものが大きすぎる。そして社会に出てから立場や守るものを背負って出会うアホに勝つ難易度は半端ではない。アホは、ポジション、資金力、権力を使って邪魔してくる。昔からアホが駆逐されないことには根拠があるのだ。そこからアホと戦うことがどんなに割に合わないかを思い知らされるだろう。

ただちに戦ってもいいと私が思うのは、あなたがなにもかもを持ち合わせている場合だ。それこそスーパーヒーローのように。生まれながらに資金力や権力に恵まれ発信力もある人も世界にはいるだろう。そういう人は戦ってもいいというより、戦う義務があると思う。

しかし、多くの人がそうではない。ならば自分の人生の目標を達成することを最優先にした方がいい。敵をつくらず味方を増やし、アホまでも巻き込み、その力を使って、人生の目標を達成してほしい。したたかに清濁併せ呑み、体制下で爪を研ぎ、時代を味方につけて、時を見て、味方をつくって立ち上がれたら立ち上がるという。じつはアホ本もそういう思いで書いた。英語でいう「Don't fight every battle」である。戦わずに戦うという道を戦略的に選んでいこう。

戦わないためには武器を持て

スイスが永世中立国であることは広く知られている。そんなスイスは「日本国憲法第9条」がある日本のように平和を唱えているだけの国家なのであろうか？ 答えは否だ。スイスは国民皆兵の国だ。成人男性は軍事教練を受ける義務があり、20世紀初頭までは全戸にマシンガンを含めて武器が配備され、ほぼ全戸に核シェルターが設置されている。「平和を貫くために武装している国家」なのだ。しかし、隣国を挑発したり、追い詰めたり、そんな姿勢は見せない。いざとなれば戦う姿勢をチラ見せしているのだ。

挑発したり、追い詰めたりすることは厳禁だが、スイスにならってわれわれも「やるときはやるぜ」という姿勢をチラ見せすることはとても有効である。

アホと戦わないことを目指すあまりに、過剰にいい人に見せたり、アホから逃げる姿勢が弱みに見えたりすることは避けないといけない。アホは本来暇でガッツがない人物なので、「いい人」や「弱い人」をいじめたくなったりいじりたくなったりする傾向があるのだ。

アホが絡んできて、相手を挑発しない程度に毅然《きぜん》たる姿勢を見せながら「スルー」を決め込むのだ。アホを利用するために仲間に引き入れる時も、あくまで凛《りん》とした立ち居振る舞いを保つことだ。それでも、アホの有力ないじりターゲットである「いい人」や「弱い人」に見られてしまったら、これはどこかでファイティングポーズをチラ見せしないといけない。

目的は挑発や戦って勝つことではない。勝ってもさらに陰湿に憎まれたりしたら、何のために戦ったのか意味がわからなくなる。目的は「こいつを怒らせたらやっかいだ」と思わせることだ。「私はあなたと戦ったりするような無駄は絶対しませんが、あんまりいやらしいとやるときはやりますよ」と心の中で常に唱えておくのだ。そうすれば、それを相手が感じてくれるようになる。アホと戦ってはいけないが、なめられるのもよくない。なめられることが戦いの原因を作ってしまっているともいえる。「アホとは戦わない」気持ちをもちながら「やるときはやるよ」という姿勢も保持しよう。

いちばん効果的なのは反応しないこと

アホの悦びはいたぶっている相手の苦悩である。相手の「怒り」「くやしさ」「悲しさ」などで垣間見られる苦悩が何よりの〝蜜の味〟なのだ。では最高の反撃とは何か？　アホにはいたぶった相手が「全くこたえていない」様子がいちばんこたえる。これがやせ我慢とか怒りの転換などでもアホは喜ぶ。なぜならそれらは基本的にアホの攻撃が効いていることの裏返しだからだ。アホが心から悔しがるとしたら、それは全くこたえていない、これから攻撃性を高めても効きそうもない様子である。いたぶっていることさえ理解されていない様子こそが最高の反撃なのだ。

そのためには「無の境地」でスルーすることである。こいつは図太くいたぶりがいがないドアホだと思われることだ。鈍いと思われてもいい。悔しさを他で紛らわせるそぶりもよくない。八つ当たりもダメだ。そもそもなんとも思わないように心を整えよう。

そのためには、どうすればいいか。目的に集中することだ。アホを含め、誰に対してもリスペクトを持って、楽しく、親切にし続けるのだ。これを普段から普通に徹底していこう。楽しく、リスペクトを持って、親切に、淡々と堂々としている。こういう人こそ、アホがいたぶりの快感を覚えにくい。

その根拠として、モビリティを持っておくことが大事である。いざとなれば、現在の職は辞しても何も困らない。そう思えれば、アホのいびりは気にならなくなる。辞められたら困るとまで思わせたら最高だろう。

「余計なことを言わない」技術

アホを自分から遠ざけるためには、つけいる隙を与えないことも大事だ。そのために必要なのが「余計なことを言わない技術」である。私にとっては世界の超一流の方々とビジネスを共にして身についた技術であり、お付き合いさせていただいた「日本の一流の政治家」も同様の技術をもっていた。

別の言い方をすれば、「感じよく〝沈黙に耐える〟技術」である。世界の超一流の人物たちと潜在的なビジネスパートナーとして会うと、大体の場合、彼らは感じよくニコニコして迎えてくれる。そして私にしゃべらせる。彼らは、こちらに話させるのがうまい。「余計なことを言わない技術」とはこういう一流の人間が身につけているものであると同時に、そういう人間に会いに行く人間が身につけておかないといけない技術なのだ。

沈黙に耐えられず、話さなくてもいいことを、べらべらしゃべることは、相手に与える印象もよくないし、交渉の現場だとしたら自分の立場も悪くなる。

肝心なのは、嘘は絶対言わないこと。しかし、本当のことは何でも言うのでもない。あえて「余計なこと」は話さないのだ。そうすると、沈黙は流れる。そんな時のこちらの様子も彼らはよく見ている。「余計なことを言わない」を心がけると、ニコニコしあいながら見合う時間が過ぎることになる。そこで、ジタバタせず、自然体でいることが相手に伝わるように振る舞うことが大事だ。

もちろん、私自身も過去には大物との一対一のプレッシャーを感じながら過剰に雄弁になり、言わなくてもいいことをたくさん話してきた。そこでたくさんの失敗もしたが、あることを意識することで、沈黙にも耐えられるようになった。そのあることとは、「目的意識」を明確に持つことだ。この会合の目的は何か、どんなことが目的かをしっかりと意識することで、言うべきことが明らかになっていく。また、相手がこちらのことを調査しているように、こちらも徹底的に相手のことを調べ尽くす。そうすることで、質問すべき事柄も明らかになる。そして、心を強くして、沈黙を怖がらないように自分に言い聞かせる。「何食わぬ顔」で「余計なことは言わない人」ほど恐ろしいものはない。逆に、常にギャンギャン吠えてるのは小物だと心得よう。

いざとなったら徹底抗戦できるだけの武器を持ち、アホにいびられても平気な顔をしてつけいる隙を与えない。アホとの消耗戦を避けるために、覚えていてほしい原則だ。

アホにムカついても平静を保つための技術

鉄棒から手を離したら奈落に落ちる

朝爽やかな気温の中でウォーキングをしていて、「鉄棒ぶら下がり競争」のイベントに出くわした。懸垂器具のプロモーションイベントのようだ。

それを見て、アホと対峙するときに必要な心持ちに通じると感じた。今の世の中は「鉄棒から手を離したら奈落の底に落ちる」世界だ。つまり、忍耐力が問われている。

これまで生きていて、今ほど忍耐力がすべての基礎だと痛感することはない。もちろん、知恵も必要だし教養もあったほうがいい。しかし、何か一つ今後の人生を生き抜くに不可欠な力は何か？　と問われたら、真っ先に出る答えは間違いなく「忍耐力」だと思う。単純に、「鉄棒から手を離したら終わり」なのだから。

どこにいて何をしようが、忍耐力で、その後の人生が大きく左右されると思う。忍耐力の言い方を換えれば、「キレない」こと。キレたら終わりなのだ。

私の周りには、私よりはるかに頭が良い人、博識な人、資産を持って生まれた人たちがいる。そんな人たちが、コロナ禍から加速する変化の中で、キレてゲームオーバーに近い状態になっている姿を見てきた。

いい頭もキレたら知能指数は4分の1くらいに落ちる。知識もキレたら活かせない。キレていたら資産も友人も去っていく。

しかし、忍耐といっても、歯を食いしばって耐えることではない。それも時には必要だが、多くの場合は、力むのではなく、リラックスして、ポジティブでもネガティブでもなく、ニュートラルに物事に取り組み続けることが大事だ。

このニュートラルに物事に取り組み続ける姿勢を保つことが忍耐である。「忍耐力」には「力」という漢字も入るが、〝力む〟と「力」はなくなるのだ。

変化が激しいコロナ禍の世の中では、想定しても想定しきれないものも多く、思い通りにならないことが多いと感じている人も多いだろう。私など毎日がそうだ。何か特別なことをしているわけではないが「本当に思い通りにいかないなあ」と日々思う。

そんな時、「キレたら自滅してゲームオーバーだ」と常に自分に言い聞かせる。リラックスして鉄棒にぶら下がり続けようと脱力するのだ。

徳川家康もブッダも言っていたが、人生には苦労しかない。しかし、キレて投げ出したら終わりである。楽な道が楽をもたらしてくれるのは一瞬でしかない。近道を行こうとすればするほど苦労は増えるばかりだ。

人生に何か意味はあるのか？　それはわからないし、そればかり考える余裕もないだろう。考えたからと言って、完全な答えがあるわけでもないだろう。かといって自分から人生を降りる勇気は多くの人にない。だとすれば、耐えて、活路を自ら見出すしかない。どんな苦境でも、目の前にどんなアホが現われても、心乱されず、キレずに、物事に取り組み続けてほしい。苦しくても簡単に鉄棒から手を離さないようにしよう。もちろん物事に見切りをつけることは大事だが、それはケースバイケース。鉄棒にぶら下がり続けることを覚えてほしい。

感情が一定していることが高評価に

人生において、心を落ち着かせて平静であることは非常に大事だ。しかし、理屈でなく、感情で動く人間は多い。あなたが冷静になろうとしても、非論理的な言い分で、感情的につめられると言い合いになり、気まずい雰囲気になってしまうこともあるだろう。特にアホとの関係において発生しがちな心配事だ。そのような場合には、どう対処すればよいのだろうか。

まずは、「気にしない」ことにしよう。平常運転が一番だ。険悪になる必要は全くないし、異常に気を使って過去を埋め合わせようとすることもよくない。人間は「忘れる動物」だ。相手も忘れる。しかし、険悪な〝嫌い〟オーラを出し続けたり、必要以上に気を使って下手に出たりすると、忘れてもらえなくなってしまう。

そこで、気まずくなった関係を気に病むのではなく、まずは自分の成果を出すことに集中しよう。成果を出したり、成果を出すべく奮闘したりする姿で一目置かせよう。そうすれば過去のことは忘れやすくなり、あなたの印象はさらによくなるばかりだ。

ひょっとしたら、会社の評価を受けて、その人をコントロールできる立場にあなたの方が早くなるかもしれない。何より、仕事を頑張れば、あなた自身がその一件を早く忘れられる。あんなことをひきずっていたのはアホだったなあと思いなおすようになるだろう。

済んだことは忘れることだ。あまりに理不尽なら不満顔になるのも仕方ないだろう。ただ、今後は「世の中は理不尽さにあふれている」と思いなおすことだ。それが当たり前という前提に立てばいい。私自身について言えば、そんな理不尽な状況は起こって当たり前と思っているから、泰然と構えている。

海外にいると日本とは違う意味で、理不尽なことしかおきない。そんなことでいちいち感情を乱していては「頼りないやつ」「感情をコントロールできない弱い人間」の烙印《らくいん》をおされてしまう。

世界共通で高い評価を受けるには「あいつはいつも感情が一定」と思われることだ。そうすれば人徳があり、能力に自信がある人物と思われ、理不尽な人間から大人物まで、評価してくれる一方となる。何か理不尽なことを言われても、笑顔で「ノープロブレム」「ははは、そんなこともあるよ」と受け流し、あるいは、「指摘してくれてありがとう」と嫌味なくお礼を言おう。

理不尽な目にあっても、陰口は厳禁。そして、陰口はどんな形であれ伝搬をコントロールしようとしても難しい。必ず相手に伝わり、相手の憎しみは倍増する。全く何のプラスにもならない。自分の人間としての器の小ささを宣伝するようなものだからだ。嫌な気分を発散するなら、陰口ではなく「ガス抜き」をするようにしよう。

ガス抜きのためにすべきことは、忘れること、本業に集中すること、友人や家族と楽しい時間を過ごすこと、奮発してすごくおいしいものを食べること。これらでだいたい見事にガス抜きできる。そうでないなら、自分なりのガス抜き方法を見つけ出すといい。

物事は主観的なとらえ方が全てだ。人生には理不尽しかないと悟れば、たいていのことは我慢できるし、アホの存在を頭から消し去ることができるだろう。

メタ認知で心を落ち着かせる

それでも、どうしてもアホに心乱されることもあるだろう。そのような場合には、「幽体離脱」をしてみよう。

メジャーで投打に大活躍の大谷選手は、２０２１年にホームラン王を最後まで争った。

厳しい戦いを最後まで走り抜いたが、報道によると好調の要因の一つとしてベンチでタブレット端末が使用可能になったことがあるそうだ。２０２０年以前は、ベンチのビデオルームで自身の投球や打席を映像で見てフォームを確認することが禁止されていたという。メジャーリーグ中継を見ていると、大谷選手が打席や投球の合間にタブレットを入念に見ていることがよくある。あれは相手の投手の配球や打者の成績とともに、自分のフォームを確認しているのだ。調子がいい時にはフォームを維持し、悪い時にはいい時に合わせてフォームを整える。そのためには、映像を見るだけではダメだ。自分を客観視する時間が必要だし、客観視する時間を大事な決断や行動の前に持つことが大事だ。そういえば、私も今までよりゴルフの上達がスムーズに感じるが、それは自分のスイングを常に即ビデオで確認できる個人レッスンを受けるようになったからだ。自分の動きが自分の想像とはどう違うのかということを確認してアプローチできたら、修正は速い。

人生において自分の能力を最大限に活かし、それを拡張するには、幽体離脱つまりメタ認知が不可欠ということだ。それはアホに対しても、同じ。アホとの不毛なやり取りに心が乱されたら、客観的に上から眺めよう。「ああ怒っているなあ」「怖がっているなあ」と気づくのが第一歩となる。そしていったん深呼吸してゆっくり６つ数える。ゆっくり６つ数えるうちに感情は人間を支配する力を失う。そこでもう一度目的に立ち返ろう。

感情が揺さぶられた原因を思い直し、それをどう最適な決断やそれに基づく正確な行動に活かせるのか、上からビデオカメラで自分を見ている様子を頭に浮かべよう。イメージとしては、自分の心や体が自分の思う通りに動かせているか、自分が自分から抜け出して上から横からビデオ映像を眺めるように確認する。これで、アホに対峙した時も普段の自分と同じように接することができる。

愚痴れる友人を最低3人は持て

アホとの付き合いでは、まともにとりあわず、受け流すことが重要だ。しかし、日常的にアホとやり取りをしていると、ストレスがおりのように心に溜まる。そんなときには、信頼できる友人を頼るのも一案だ。

スーパービリオネアたちから聞いた、とてもいい話を一つシェアしたい。「幸せなビリオネアになれる秘訣」として彼らがそこで真っ先にあげていたのが「Bad day（自分が最もつらい時）に本気で弱音を吐ける・愚痴れる友達を3人以上持っている」ということだった。彼らにしてもBad dayはあるのだが、「ほとんどの資産家が弱音を吐ける相手を持たない」らしい。それはそうだろう。相手を間違えればゴシップ・スキャンダルになりかねない。加えてある程度の年齢がいった男性資産家の場合「男は黙って……」「男子たるもの……」と演歌の世界のような不文律があり、自分をさらに孤独へと追いやる。

だから、スーパービリオネアは「聞いてくれる人がいるだけでどれだけ助かるか！　孤独は不幸の最大の種だ」と言うのだ。凄い実績のある人たちが言うからこそ、心にしみた話だった。本当の愚痴をシェアできる人は、簡単には現われない。次のような条件が必要だからだ。

・付き合いが長く信用できる
・経験が似ていて共感し合える
・できれば好不調の波が重ならない

長い間、気がおけない関係性を築いた友人と居れば、リラックスができる。共感は心の栄養剤だ。また、好調な人物は心に余裕があり、不調な者の悩みや愚痴をドンと受け止めることができる。お互い、不調な時に、頼れるという安心感があれば、連絡がとりやすい。

嫌なことを溜め込まずに口にできる友人は、アホと付き合うストレスを軽減し、アホとも冷静な付き合いをするための助けとなる。

自分の人生がど真ん中にあればアホなど気にならない

You can be just you.（あなたにはあなた自身でいられる権利がある）

娘が通う学校の哲学だ。入学希望者が後をたたず難関校だが、通う子供たちにはエリートっぽさが全くない。卒業生は皆世界中の名門大学に入る子が多いが、それは結果論。この学校の人気は冒頭の哲学があるからだと思う。

「自分らしくあること」や「誰かに期待される人生を生きるのではなく自分の人生の扉を自分で開けていくこと」が最重視されている。もちろん、学校教育だけでなく、公私を問わず人生の中で心に刻んでおくべきメッセージだ。なぜなら、自分の人生をもっとも大事にし、その目的に向かって突き進むことで、心がぶれずにアホへの対応ができるからだ。

他人の期待に応えることを最大の目標にした場合、そのために自分の意見を抑えつけ、自分自身を殺す人生となってしまい、アホにも簡単に心をやられる。そうではなく、自分自身を大事にし、自分のために掲げた目標を達成することを第一にしよう。そうすることで、最大のパフォーマンスができるように、自分を解放できる。

もちろん、自己中心的になり過ぎてはいけない。時には、困っている人を救い（娘の学校では「生態系を守ること」にも重きを置いている）ながらも、自分は自分であるとして、「他人と比較しない」「誰かの期待のためだけに人生を生きない」ことを大切にして生きる。目的さえ正しくもっていたら、それが世界の課題を解決する道にもつながるはずだ。

人生一〇〇年時代、組織のために自分を犠牲にしても忠誠心をみせるために自分を殺し周りに合わせ続けても、テクノロジーの進化や国際的な競争激化が続くかぎり、その組織があなたの人生の終わりまで生活を保障してくれる時代ではない。どこかでその組織から放り出される。自分で道を切り開いていかないといけない時がくる。そのときには、自分がどういう人間で何ができるのか、何をしているときに心から幸せを感じるのかを自分と向き合い考えなければならない。

何事も遅すぎることはないが、自分と向き合うのは早い方がいい。自分の人生を中心におき、そのためにすべきことを考え抜くことで、アホの存在など気にならなくなるはずだ。

お人好しをやめることでアホを近寄せない

アホにこき使われないためには？

相手を都合よくこき使ってくる、リスペクトのないアホも少なくない。

「都合がいい」とは「(自分のために)利用しがいがある」ということだ。日本では、誠実さや従順さが良しとされるが、それはあくまで利用者からみた使い勝手の良さを下々に叩き込むための仕組みである。都合のいい存在から脱却するためには、ここに気がつくことが大切だ。

ただ、敵をつくったりするのは愚かなことなので、あくまで表面上は友好的に、しかし無駄に利用されないことが必要となる。そのためには「陰で努力しない」ことだ。手柄は手柄として理解されるように、「表に出す」必要がある。一番大事な評価者にはもちろん、その周りにも「自分が始めて、そしてできたことだ」と手柄になる過程を全て公開してシェアすることだと覚えておこう。

成果が出たあとで手柄として公表したら嫌な奴になりかねないため、最初からさりげなく「自分がやっています」とアピールしておくとよい。自分の貢献状況を皆にシェアするのは、早ければ早いほど自然だ。

具体的な方法としては、「今、こんなことをしているんですよ」「自分なりにこんな工夫を考えています」などと、ニコニコと自然に頑張りを周囲に伝えていくことだ。こうした方法なら、謙虚な人でもしやすいだろう。

せっかく仕事を引き受けたのに、隠れて努力をしたために手柄をとられて、モヤモヤを抱えながらそれでも笑顔でいるなんて、あまりに悔しいことだ。

あなたの努力が理解されれば、評価につながり大きなチャンスが与えられる可能性もあるし、何より最終的に気分が悪くなることはない。

苦しい思いを抱えながらも、ニコニコとできるのは最強の武器だ。それをアピールに活かしていこう。大事なのは、努力を表に見せるということを「格好悪い」などと思わないこと。見せていないとずるい人に利用されてしまうだけなのだから。

お人好しはもうやめよう。あとで後悔する。最終的に利用されて、苦しくなっているのが何よりの証拠だ。

「役に立つ」という考え方ももちろん大事だが、それはあなたの評価を上げるためにやることだ。利用されるためにやるべきことではない。あなたの遠慮がちな姿勢は搾取側から見たら蜜の味だ。

もし、今の自分に自信がないとしても、周りと比べる必要はない。自信はあった方がいいが、あり過ぎても問題だ。

何事も淡々と安定してこなしていくこと、それが大切だ。コツコツと取り組んでいくと、ある日振り返れば意外に大きな実績が積み上がっていて、それが自信の根拠になっていく。だから、自信の有無を考える暇があれば目の前のことに集中する方がいいだろう。

目の前の仕事をアピールしながら懸命に頑張っていたら、「自信がない」などと考える暇もなくなる。取り組んだことは全力でやるしかない。それを続けていけば、それなりに結果が出てくるだろう。「やるしかない」、そういう気持ちでアピールを忘れずに全力で向かう、その姿勢が評価はもちろん、根拠ある自信形成にもつながり、アホを遠ざけられるようになる。

クレーマー体質なアホは徹底的にシカトせよ

しかし、アホの中には、どこに地雷が埋まっているかわからず、ちょっとしたコミュニケーション不足による誤解で怒り出したり、きつくつめてくる輩がいる。そういった非常にセンシティブなアホはとても扱いにくい。そんなアホの目的とはどんなことなのだろうか。

こういう人物が怒る場合、誰かが地雷を踏んでいるというよりも、何を言っても文句を言う人物と心得ておこう。そこに明確な理由はないはず。なぜなら、本当にあなたのことを信用できないなら、「黙って会わないようにする」だけだからだ。とにかくあなたをいたぶりたいだけなのだ。

こうした行動をとる背景には、大きなストレスを抱えている、ふだんは自分が低く見られている、などいろんな理由が考えられる。どの理由だとしても、あなたが変わることで、この人があなたに態度を変える可能性は低いだろう。悪化することはあっても、改善の見込みはない。

まずすべきなのは、本当にこの人とビジネス上の付き合いを続けることが必要か、冷静に胸に手を当てて考えることだ。付き合わなくていいなら、徐々にフェイドアウトして関係を切っていった方が精神衛生上いいだろう。

仕方なく付き合うしかないなら、もう割り切って、好き勝手言わせておくことだ。いちいち気にせず、受け流そう。

他人の気持ちはコントロールできないし、しかも他意があってわざと言っているのならなおさらだ。気にしても何もいいことはないどころか、悪いことしか起こらない。何を言われても真に受けない、と心に刻もう。そして、できることならば目の前から徐々に消し去るように事を運んでいこう。そうした方が、目先には色々打撃があっても、長い目で見たらずっといいはずだ。

役に立たないアホにいい顔をするお人好しは卒業しよう。

日本のハラスメント問題はなぜ深刻なのか

アホが取りがちな行動の一つに、ただ自分の優位性をひけらかしたいばかりに、ハラスメントを行うことがある。海外でもパワハラやセクハラはあるが、日本ほど深刻な問題とはなりにくい。その最大の理由は「ハラスメントが酷ければ辞めるだけ」だからだ。居心地の悪い場所に、自分を殺してまで頑張って居座る人はほとんどいないのだ。いい職場でも、次のキャリアアップのステップを目指して3〜4年でいなくなるのが普通だ。日本の企業社会も昔と比較したらモビリティが出てきたが、まだまだだ。まだ日本では新卒でせっかく入った会社だからと辞めない人が多い。だからアホは安心してあなたたちをいたぶるのだ。

新卒至上主義も時間の問題でなくなるとは思うが、日本社会では中途採用へのリスペクトとフル活用がまだ遅れているのが現状だ。中途採用は新卒で入った会社の待遇を上回る場所がまだまだ少ない。実は、日本の大企業で新卒者でも、今やアジアの有望企業以下の給与待遇であり、欧米の一流企業に比べると一桁二桁少ないこともある。しかし、海外の情報が日本語にならないので、新卒至上主義はしぶとく残ってしまっているのだ。

アホと戦わないために、思い通りの転勤や社外でキャリアアップできるモビリティを得るためには、社内でコツコツとした準備が必要だ。実績を出し続け、訴求効果の高い資格を取り、いいものが見つかるまでの貯えも準備しないといけない。無駄使いせず隙間時間には勉強して、会社では実績づくりに精を出す。アホ対策のためだと思うとこれらの努力はちょっとむなしく感じるかもしれないが、これらの努力はアホに関係なくあなたの人生を輝くものにしてくれる。社内に残っても社外に出てもあなたを助けてくれるものばかりだ。大きな意義を感じながらモビリティづくりを頑張ろう。世界では高度人材こそこういうたゆまぬ努力をやっている。その努力こそが、アホを退ける。

「自信オーラ」でアホ避けを

アホは基本的に小さな人間である。自分より立場の弱い相手、自信がなくびくびくしている人間を嗅ぎつけて攻撃するのだ。彼らは敏感である。攻撃対象を選ぶ場合、「自信オーラ」で判断する。「自信なさそう」な人間ほど安心して攻撃してくるのだ。「自信があるオーラ」を出している人間は面倒である。「世間知らずの根拠のない自信」も百戦錬磨のアホには、それを打ち砕ける自信はあるので、純粋まっすぐな経験に裏打ちされていない自信家君も狙われる。

アホが怖いのはアホの攻撃を含めて人生の辛酸を嘗《な》め切ってそれを乗り越えてきたようなオーラである。これは静かなオーラである。苦労する人生を送り、アホにもいたぶられたが、経験をコツコツと重ねて、自分を成長させ、困難を乗り越えてきたようなオーラこそアホを震撼させるのだ。

自信オーラを身につけるには、漫然と生きてはいけない。何のために今何をしているのか、その意義は何なのかをしっかりと考え、死ぬときに最高の思い出を持っていけるように逆算して人生を送らなければならない。

この心の持ちようができれば、一見どんなに大変な環境に置かれようが、コツコツとした行動の積み重ねで、水滴が岩を砕くように、たいていのことは乗り越えられる。こうした行為の積み重ねこそが、アホがおそれおののくような自信につながる。

アホを「揺るがない自信オーラ」で撃退するのはあくまでおまけのようなものだ。死ぬときに後悔しないように人生を大事に生きることが、自信につながり、その結果としてアホを撃退できる。その過程でアホなどどうでもよくなっていく。ふとした瞬間に「ああ、そういえばアホを撃退していたなあ」と思いだす程度のことである。

自分の人生の目的に向かってコツコツと努力を続けてきた自信からくるオーラがアホに

対する最大の武器となる。

アホと「戦うべきとき」の見きわめ方

状況を把握したうえで手段を選べ

アホ本を上梓《じょうし》してから、次の二点について、聞かれることがよくある。
（1）戦うべきとき、戦ってはいけないときの見きわめはどこにあるか？
（2）いざ言動を改めさせたいとき、どのようなアクションを起こしたらいいのか？
大事なのは、頭に来ても〝アホ〟とは戦うなということ。つまり、アホ限定で戦うことの禁止を訴えているのだ。だから、アホではなく価値ある戦いなら挑めばいい。

価値ある戦いとは何か？　「自分の人生を生きる」ための戦いだと私は思う。例えば、アーティストのオーディションで自分がやりたい役は一つしかなく、それを巡って何人も立候補しているとか、政治家になってライフワークとしてやりたい政策があるのにライバルがいっぱいというシチュエーションとか、そういう場合だ。

戦うかどうかを見きわめる点は、「対象がアホであるかどうか」だ。言い換えれば、たった一度の大切な人生を賭ける価値がある相手かどうかだ。

もっといえば、戦うことは手段でしかない。目的は自分の人生を謳歌《おうか》することである。そのための手段として戦うしか選択肢がないなら戦うべきだろう。

それ以外に平和に目的が達成できるなら、戦わずして勝つ、つまり、目的が達成できる手法をとるべきといえる。

逆に、自分の人生を生きることや自分の人生の目的に関係ないなら、戦わずに放っておけばいいだろう。嫌われて怨念を浴びないよう、適度に距離をとりながら、いなしていけばいい。相手がアホならなおさら。いかにそのアホのせいで苦しんでいる人がたくさんいても、そのアホを完璧に抑え込んで反撃されないくらい撃滅できる力が自分にないなら、戦っても皆の役に立たないばかりか、恨みを買い、自分の人生の目的達成が遠のくばかりとなる。

もし、多くの人を救いたいという義憤に駆られたら、まずは実力をつけることである。

それは、アホを抑え込み完璧に封じ込めることのできる力のことだ。

力がつく前に言動をあらためさせたいなら、相手を注意深く観察し、アホの傾向と対策を分析し、アホの欲するものを与え、言動を変える動機付けになりそうなものはないか、しっかり考えることだ。

アホの狙いが、プライド、お金、出世、ストレス解消、等々の中の何なのか？ どうすればそれを、自分も含めた、苦しめられている皆にとって最もダメージの少ない形で満たしてやれるか？

それを考え抜き、時に苦しめられている皆で連携して、動機付けからアホの言動を少しずつ変えていこう。

コンプライアンス重視の機運が高まり、パワハラやセクハラも社会や会社内の目が厳しくなっているので、目に余る場合は、証拠をしっかり押さえて、それらに訴えることを取引材料にするのも手だろう。弁護士も世に余っているので、最終的には彼らも動員して、抑え込むのも手かもしれない。

とにかくこちらの感情は抑えて、クールに相手を注意深く観察することから始めよう。それがアホとの不要な戦いを避ける第一歩だ。

向かうべき戦いを選べ

Don't fight every battle. ――向かうべき戦いを選べ。

すでに紹介しているが、私の好きな言葉である。政治家になって国務省の招待を受け、アメリカで研修を受けたときにアメリカの高官から学んだ言葉だ。

その要旨は次のとおりだ。エネルギー溢れる若いうちに高い志を持って政治家になったあなたは、「あれも解決したい」「この政策も改善したい」と毎日毎時その不満の原因になっている課題に立ち向かいたい気持ちがあるだろう。でもすべての戦いに勝つのは大変だ。どの戦いもつながっている。どの戦いに挑むのかを選ぶことであなたの大きなゴールの結果は変わる。ある戦いに挑むことは別のより大事な戦いを不利にするかもしれない。別の戦いを選ぶことで他の3つや4つの戦いにまとめて勝利することになるかもしれない。何より、あなたのエネルギーをもってしても全部の戦いに勝つことはできない。つまり、不満を持ってもまずはグッと我慢し、全体を見てどの戦いに向かうことが最も上手に戦うことになるのかを冷静に見きわめるべきというのだ。

聞いた時には腑《ふ》に落ちたが、エネルギーが有り余っていて、思慮に欠ける若い自分は、戦いまくってしまった。あらゆる相手に向かっていってしまい、結局最後は自分の首を絞めた。他人の目も気にした。「なぜ黙っているのですか」とかメディアや友人知人に言われ、ここで発言・行動しないのはカッコ悪いと、もっと大きな目標達成のためには敵にしてはいけない人を敵にしてしまった。

ビジネスでもそれはいえる。イノベーションのジレンマで有名な故クレイトン・クリステンセン教授が「消費者の声を聴きすぎてもいけない」と言っているが、その通りである。過剰サービスや過剰クレーム対応がビジネスではない。ここでも全体のゴールを見て向かうべき戦いを選ぶのだ。何と言われようが、戦いを選べ。長い人生戦い続けていては体がもたないし、敵を作り、家族や友人含めて何のための人生かわからなくなる。

常に冷静でいよう。常に状況を見回して、今は戦うべき時か、武器を研ぎ澄ますべき時か判断する頭を持とう。戦うとなったら、自分にとって最大の戦果を得られる戦いを選び、確実に勝利するように周到な準備が必要だと心得よう。

アホと戦うための兵法

不満をその都度表明する〝わきまえない〟人になれ

日本の文化では、「謙虚」が美徳であると言われている。しかし、これからの時代は周りの空気をあえて読まずに、言いにくいことをどんどん発言していく〝わきまえない〟人間になることが重要であると思う。日本では人口が減少し、技術的優位性も失われていくなかで、「グローバル人材」になる必要があるからだ。そして、なによりもそんな謙虚な人物にアホはつけこむからだ。

なれ合いながら、なあなあで社会を維持してきた日本人は、自己主張が苦手である。また、〝空気を読む〟という題目で、同調圧力をかけて、相手の欠点を指摘することなく、相手の行動を変えようとする。思ったことを口にする〝わきまえない〟人は、そうした集団から排除されてしまうからだ。私自身もそうだった。例えば、政治家時代には常に他人の目を意識していたし、有権者からどう評価されるかを気にしていたものだった。

それは、国際社会では通用しない。多様性のある集団では、「言わなくてもわかる」ことなどない。考えていることを口にしない人間は軽視されるし、アホと見なされる。国際社会では「言いにくい」ことでもしっかりと発言することで、一人の人間として認められることになるのだ。

もう一つ「言いにくいこと」を口にする理由がある。自分の人生の主役は、自分自身であるべきだからだ。「こんなことを言ったら嫌われるかも」「意見が否定されたら恥ずかしい」と物怖じするのは、全ての評価基準が他人になっているからである。しかも、口にする前の段階では他人の評価ですらない。他人から見た自分がどう見えるかの「妄想」でしかないのだ。

人は社会的な生物ではあるが、今際《いまわ》の際を迎える時は一人である。その瞬間を、自分の意思で生きてきたと振り返れる人間こそが賢者なのではないだろうか。

礼儀正しく穏やかなことと、不満をその都度的確に表明することは、見事に両立する。

日本人の傾向に関して、海外でよく耳にする点が、「不満があるのに、それを表明するのはみっともないという思いから、耐えて耐えて耐えて最後に爆発的にキレる」だ。

私も日本の地方都市生まれ。そういう傾向を持っていたが、海外で仕事を始めると、このスタイルは本当にまずいと思い直した。なぜなら、海外では「耐えて耐えて耐えている」ところはほとんど理解されないからだ。それどころか何も言わないことは、「納得しているんだね」と思われる。

そして、日本人が我慢の限界で突如キレると、海外の人は驚く。耐えていたことに評価どころか不信感さえ抱き、キレるところに人間としての安定性のなさを見つけ、その日本人の評価は下がる。

不満は最初から、表明すべきだ。その時に気をつけるのは、「穏やかに」「トーンを変えず」「堂々と」「理路整然と」表明すること。これを守れば、不満を口にしても、礼儀正しく穏やかな印象は全く損なわない。

アホを踊らせて正面対決を避けろ

アホとは戦うなという私だが、自分の目標のためには戦わないといけない時が来たら全力で戦わざるを得ない。つい数年前だが、実は私は仕事上、やむをえず戦ったことがある。もちろん戦うことはできるだけ避けてきた。戦うにしても「戦わずして勝つ」のが最上の策で、相手もこちらも疲弊させず傷つけず、自分の目的を達成できればそれにこしたことはないと確信してきた。そのために全力を尽くした。戦わずにあらゆる策を使い、相手の目的とこちらの目的を合致させＷＩＮ－ＷＩＮに導こうとした。しかし、相手の目的がこちらの認識とは違ったのか？　相手がこちらと戦う決断をしたのか？　理由は定かではないが、あらゆる手段を尽くしても、戦うしか選択は残されていないという結論に至った。

ここから私は「戦い」の準備に入った。完璧に勝つためである。まずは「怒り」を消すこと。怒りは間違いなく判断を誤らせ自らを弱める。感情的になった人間についていく人は少ない。淡々とことを進めるのみだ。「怒り」がコントロールできないうちは行動を起こしてはいけない。

まずはこちらの戦意や戦力はひた隠しにした。こちらが戦う意思がなく戦闘能力も欠けているという印象を持たせるために奮闘した。相手は油断を始めた。手強い相手だが調子に乗ってきたのだ。次に、調子に乗せたうえで相手の戦力を削いでいった。相手陣営への調略を尽くして、相手の信用を落とし相手の戦力や同盟（仲間）を削いでいった。相手も完全に油断をしていたので順調にいった。

そして同時にこちらの守りも固めた。手強いし、万が一、相手の戦力や同盟が私の想像以上のものだったとしても、せめて負けないように信用を上げ仲間を作り守備力を充実させ陣営を固めた。

そして相手が十分弱まり、失敗をする機会を待った。ひたすら耐えて待った。その瞬間が来た時、一気呵成《いっきかせい》に激しく退路をたったかのごとく攻め立てた。相手の動揺は想定通りだった。感情的になり、うろたえて、取る行動もバラバラになり、戦力も予想以下に弱まっていた。力はあるものの相手の取る行動はさらに自らを弱めるものばかりであった。

そして危ない局面もあったが結果は出た。これだけ準備して耐えても戦いは思い通りにならない局面もあるのだ。とはいえ一気呵成に攻めて決着はついたところで、相手を追い詰めるのはやめた。そもそも手強い手負いの相手を「猫を噛む窮鼠《きゅうそ》」にしてはいけない。逆襲の可能性もないほどに相手の戦意と戦力が低下したことを確認すると、相手にこちらに協力する機会を与えた。協力の姿勢は示したものの、さすがに具体的な協力はあったかどうか定かではないが、逆襲は全く受けなかっただけでもよしとした。

これらの行動は孫子の兵法に正確にのっとったものだった。「風林火陰山雷」という戦法だ。

武田信玄が自らの旗にこの戦法を記すほど、こよなく愛した孫氏の兵法の一節である「風林火山」。これは「攻めるときには疾風のごとく、機会をうかがうときには林のように息をひそめ、襲う時は燃え盛る火のように一気呵成に、守りは山のようにどっしりと自陣を固める」という意味である。さらに、「陰」とは「自身の戦力や戦略などは、徹底的にひた隠しにして相手に知られないようにする」という意味だ。そして最後の「雷」は「動くときには、雷のように激しく動く」という意味だ。

アホと戦わざるを得ない時は「風林火陰山雷」でいくしかない。二千数百年の時空を超えて生き抜いた戦法は現代でこそ輝くのである。しかも舞台はグローバル。国籍や国境を超えて通用したのだ。

しかし、最高に後味が悪かった。価値のあった戦いだが戦う価値のある相手だったかと言えばそうではなかったと思う。戦いに勝ってもホッとはしたが全然嬉しくなかった。勝つための努力も虚《むな》しく辛かった。心身ともに疲れ果てた。正面から戦うことを避け、最高のパフォーマンスを発揮すべくアホを踊らすことができれば、それに勝ることはない。

戦略的ちょいギレのススメ

正面からやり合う戦いは、勝っても負けても後味が悪い。そこでオススメするのが、戦略的にちょっとだけキレることだ。大事なポイントは心の中は「平静」であること。感情的になってキレたらそれは単なるアホになってしまう。敵をつくり未熟な人間だと評価を下げるだけだ。なぜ戦略的にキレることが大事なのか？　それは都合よくコントロールされないためだ。注意すべきポイントは、次のとおりだ。

・感情的には全然怒っていない
・ごくたまに
・ここぞというタイミングで（あなたの立場がやや強い時がいいキレ時だ）
・ターゲットを絞って（キレる意味がない対象は無視）

・あくまでリスペクトフルに（無礼にはならない）
・相手のため、全体のため、という大義名分を感じさせる
・普段は感じよく。普段穏やかな人がキレるから、ちょいギレでも劇的な効果がある（ギャップ効果）

日常でキレる必要が全くなければちょいギレも必要ないが、世の中はそんなに甘くないだろう。アホの日ごろの態度に「なめんじゃないよ」と思うこともあるだろう。嵐が過ぎればいいように時が解決することは放っておけばいい。しかし、キレないと中長期的に都合悪くコントロールされそうな事案は、時が過ぎるのをただ待っていてはまずい。その事案への対処法のスキルが、ちょいギレだ。

ちょいギレを有効活用するためには、まず普段から心を鍛え、何事にも感情を乱されないようになろう。感情的には全く怒っていないのにキレたふりをするのは高等技術だ。心を訓練していないと、とてもじゃないができない。

普段はさりげなく不必要なほど過剰ではない範囲で感じがいい人であり続けよう。超天

才でもない限り、感情がコンスタントであることが現代そして今後のビジネス社会であなたの価値をあげる最低限の素養だ。そしてコンスタントな人がごくたまにちょいギレすることほど恐ろしいことはない。いわゆるギャップ効果だ。

感情がコトンロールされたちょいギレでもしょっちゅうキレていては、効果も薄れ、評価も下がる。これ以上我慢していたらまずいという限界点で、タイミングをみよう。伝家の宝刀は一回しか抜けないのだ。

いいタイミングは、あなたがやや立場が強い時だ。「あなたに断られた相手が困る」というタイミングがベストだろう。「あなたの代わりがいくらでもいる」というシチュエーションでは相手は「おーそうか！」と対抗心むき出しになる。またはあなたが耐えながらあなたの代わりがいないポジショニングを創り出せていたら最高だ。

キレる時は上品に、キレ過ぎないように。相手へのリスペクトは不可欠である。呼び捨てや不謹慎な言い回しは厳禁。相手を感情的にしない、追い詰めないことを心がけよう。それがアホと直接対決せずにアホに勝つ手段だ。

アホはなぜ生まれるのか

議論ができないから生まれる「裸の王様」

組織の中で活躍し、自分の人生の目標に到達するためには、自分自身がアホにならないように気をつけなければならない。そのためには、どうすればいいか？「人の振り見て我が振り直せ」という言葉があるように、アホの様子を観察して、組織のパフォーマンスを下げる「アホ」な言動を避けるように心がければいい。それが身につけば、周りをリスペクトし、円滑な人間関係を構築しながら楽しく仕事ができる自分へと成長するはずだ。

まずは、そもそもなぜアホが生まれるのか考えていこう。日本ほど「裸の王様」が生まれやすい場所はない。社会にモビリティがなく、均質的な構成で同調（同町ともいえる）

圧力が常にかかっているからだろう。その同調圧力を破って公の場で立場が上の人に反論でもしたら、モビリティがないので逃げ場もなくその組織で陰に日向にイジメを受けることになりかねない。

結果、組織で事なかれ主義が蔓延する。均質性が高い空間では多様な意見にさらされていないので違う価値観やモノの見方を受け入れられない。そういうこともあり、国民一人ひとりが他者からの批判に異常に敏感だ。また、建設的な議論をする経験が乏しく訓練も受けていないので、議論が始まると感情的な衝突にエスカレートしやすい。お互いの物言いにリスペクトがなく、建設的な批判を子供っぽく感情的に受け止めがちである。後に尾を引く個人攻撃とお互い受け止め恨みが残りイジメにつながる。

議論が個人攻撃になりがちなのは国会の議論やテレビの討論番組がいい例だ。国会議員だった時、田原総一朗さんがアンカーをされている「朝まで生テレビ!」という討論番組に何度か出演した。しかし、その場の建設的でない感情丸出しの喧嘩討論にまったく議論に入り込めなかった。あれがいい例だろう。見世物として演出されているからでもあるだろうが、何も建設的に生み出していない時間だと思った。

日本人は、自分の意見と比して他者の意見が間違っていると思っても、感情をコントロールしながら、公の場で、リスペクトを示しながら建設的に議論することがまだまだ得意ではない。だから、感情的激論を避けるため、多少納得がいかなくても、特に公の場で、立場が上の人に、反論することを避けるようになっている。

勇気をもって「組織の中で裸の王様に裸と言って」といいたいが、今の日本では告発者が不利益を被る可能性があまりに高い。なので、告発するならソーシャルモビリティが高まり、たとえ告発側が組織内にとどまるしかなくてもそこでイジメられ続ける恐れが和らいでからだろう。日本のトップが部下からの反論を冷静に受け止める素地ができ、告発者も上手に間違いを指摘できる技術を身につけてからが現実的にはいいと思う。

最も理想的なのは、集団をリードする者から率先して、反論を受け付け始めることだ。それは、会社の上司に当たる者だけでなく、家庭を運営する立場の人もそうだし、学校のサークル・部活の部長でも同じ。自分が裸の王様になっていないか、自分から周りに働きかけ、物申しやすい環境を整えないと自身も組織も危うい。告発者を誘発して、その勇気を称《たた》えその立場を守る体制を作ったほうがいい。もちろん、告発者の能力とその告発内容の質を高めるためにも社員の能力を日頃から高め、情報公開も徹底しておくべきだろう。告発者の資質も重要だ。職場や家庭、グループ活動など、組織の中で余人をもって代えがたい圧倒的実力を持つ強者に告発役を期待したい。組織もこういう人間の言うことは聞かざるを得ないし、そもそもこういうツワモノはイジメられないだろう。一方で、幹部に実力以外で引き上げられたようなものは動機的に裸の王様に立ち向かえないだろう。

イギリス文学者として高名な故・池田潔《いけだきよし》氏が、17歳から過ごしたイギリスのパブリックスクールの経験をまとめたロングセラー『自由と規律　イギリスの学校生活』にある通り、

「正直であれ」
「是非を的確にする勇気を持て」
「弱者を虐《いじ》めるな」
「他人より自由を侵さるるを嫌うが如《ごと》く他人の自由を侵すな」

この4つの戒めの心を日本の教育の中心においてほしい。自分を客観的に見られない「裸の王様」はアホであり、それを指摘できないメンバーもアホである。もし、モビリティを持ち、上司からの評価も厚く、戦う武器を持った人がいたら、次世代の踏み台になるべく、裸の王様にそろそろ「お召し物を召されないと免疫力が落ちて感染症にかかりやすくなってしまいますよ」とリスペクトを持って伝えてほしい。そうでないとわれわれの組

織や国家は大変深刻な危機に陥る。アホの問題は、個人にとどまらない点も頭を悩ませる。

アホは徒党を組む

アホは子分をつくる。なぜなら、アホに魂を売る人間がいるからだ。アホに逆らうよりアホの手下になった方が組織の中で楽にチャンスにありつけると思ってしまうのだろう。そして攻撃対象となったあなたを、アホは上からあなたの同僚や部下である子アホを使って横や下から攻撃してくる。最初は悪い人ではなかったとしても、アホに魂を売ると同じようなことに快感を持ち、同じような行為を犯す。あなたをいたぶることに快感を覚え始め、あなたへの情報を遮断し、のけ者にして、孤独や絶望感を与えようとする。よってたかってあなたの悪口やフェイクニュースをつくっては社内でばら撒く。やがてはトップにも届いてしまう。正義感と潔さを持っていると、反論すらも馬鹿らしいと思うかもしれないが、それはさらなる事態の悪化を招く。

それでは、アホ、そして子アホの連合軍に襲われそうになったらどうすればいいだろうか。

まずは、そもそもターゲットにならないようにしよう。何事もアホににらまれないことだ。アホはいたぶりがいのある標的を探している。「気にくわない」のは一番の理由になるだろうが、「反応を見せる」のがもっと危険だ。「こいつ、いたぶりが効いているな」と思わせたら、もう楽しくて仕方ないのだ。まずは空気のようなオーラをまとおう。オーラを消すのだ。目につかないのが一番。目につかなくても自分らしく生きられる。淡々として誰とも親しくならないし疎遠にもならないようにしよう。

そして、アホの評判を聞きつけたら、よく観察し、何が気に障るのかよく分析して、その行為だけはしないようにしよう。つかず離れず上手に距離をとる。間違っても反感やひがみの対象にならないようにしたい。どうしてもこれができない場合は早めに「アホではなく、アホと同格かそれ以上の上司の加護を求める」のがいい。

目を付けた人物がいたら、その人とアホとの人間関係や上下関係を積極的に情報収集して確かめよう。実はアホの仲間だったり、アホに急所を握られていたり、アホをアホと思わず好感を持っていたりする人物がいるかもしれない。アホとは仲間でもなく同等の権力を持っていることがわかったら、この人物の将来性も見ておこう。今はアホ以上でも実はアホの方がトップに気に入られていたり、この人物がアホより相当年上で老い先短かったりしたら要注意だ。力関係や人事は現代ではあっという間に変わるからだ。それでも選択肢がほかになにもないよりましだ。

また、自分自身が、その人物にとってどう役に立つのかもアピールしなければならない。慕ってくれる部下は可愛いものだが、役に立たないと判断されたらリスクを冒してやっかいなアホから守ってくれるかわからない。

アホについて説明する時に証拠も必要だ。どんな目にあったのか？　どれだけ会社のためにならないか？　どれだけこの人物の出世のためにならないか？　アホのデメリットと排除がもたらすよい効果を納得できる形で説明しよう。その際、私欲を一切感じさせないとより効果的だ。社内で人間関係を動かす訓練は後々大きな財産になる。日本の組織ではこういう行動をとることのリスクはあるが、アホと子アホの挟み撃ちのリスク・ストレスを前にすれば大したリスクではない。

こうして実力ある人間との密なやり取りは、アホとの直接対決を避けるだけでなく、あなたの組織内でのプレゼンスも向上させる効果がある。アホと戦わない努力が、組織の中での発言力アップにも繋がるのだ。

アホとそうでない人物はなにが違うのか

一見いい人と潜在的アホ

優しそうに見える人、怖そうに見える人など、たくさんのタイプの人がいるが、どんな人物がアホなのだろうか。見分けることができれば、アホとの戦いを格段に減らすことができる。

タイプ別の話をする前に、この世は不条理が当たり前だと思ってほしい。正義や正論が勝つとは限らないどころか、道理が通ることの方がレアだと言える。アホと戦わない理由はここにあるし、この前提をしっかり持てば、不条理なアホに悩まされても心が乱れることが少ない。

タイプ分けに話を戻す。アホとは、組織や個人の成果や成長に関係なく、意味なく他人に干渉してくる人々のことを指す。その意味では、日本の組織人の大半はタイプに限らず、ほとんどが潜在的アホだと思ってよい。日本社会が成長や成果を目指す社会ではなく、調和に最も重きを置く、均質的な巨大なムラ社会であり続けているからだ。調和最優先で同調圧力をかけてくる均質的な社会なので、自分を持ち、自分の人生を生きようとする人々を、異質なものを攻撃する免疫システムのように、抹殺にかかる。

しかし、いくら均質的で同調圧力が強くかかるといっても、一億人以上の総人口があれば、アホではない人も一定数いる。前段をひっくり返すようだが、アホを見抜くには、アホでない人を見抜けば事足りる。潜在的アホではない人は以下のような人だ。

・結果や成果に最もこだわり、常に没入して働き結果を出し続けている人
・数字で物事を考えられ、説得力ある数字で指示を出す人
・組織内での成功にこだわらず、大きな人生の目標を本音で語って実行に移す人
・他人の視線をあまり気にしない人
・他人の時間にリスペクトがある人

つまり、周りに振り回されることなく、しかし、敬意を持って大いなる目標に向かって進むことができる人であるといえる。こういう人以外は潜在的アホだ。特に他人の目や組織の空気を非常に気にする言動を続けている人は要注意アホといえるだろう。そんなアホにならないように他山の石として自分を律しよう。

人物鑑定をしたければ怒らせてみろ

権力闘争に敗れたら死しかない、古代中国の歴史から学べることは多い。特に、三国志で最強の軍師といわれる諸葛孔明の人物鑑定法はシンプルだが今でも活きる。

『これを窮《きゅう》せしむるに辞弁を以《もっ》てして、その変を観《み》る。』

限界まで追い詰めてそこでの態度を見る、と私は解釈している。簡単にいえば、「怒らせる」のだ。本性が出るのは感情を乱した時だ。怒って感情を乱すにいたる経路や時間にも多くのヒントが隠されている。

・どこまでが平静を保てる限界か？
・何に怒るのか？
・仮に怒っても怒りをコントロールできるか？

何事も要は〝調子よくない時がほとんど〟でそこでどう対処できるかが人生の要諦。調子が悪い時に「その人はどう対応するか」が見ものなのだ。

『君子は憂へず懼《おそ》れず。』

これは孔子による「大人物」の定義である。諸子百家の中でも、能力のわりに不遇で終わった孔子の素晴らしさは、群を抜いた〝定義の小気味良さ〟だ。

大人物とは、「窮地にあっても全く動じない人物のこと」である。

春秋戦国時代のさなかに、多くの栄枯盛衰・盛者必衰を目の当たりにしながら、不遇の自分の人生を自省して行きついた境地なのだろう。

今を時めく大谷翔平選手も「イラッとしたら負けですから」と常に言い聞かせているという。〝不動の心〟を持っているのだろう。日本のプロ野球時代、西武ライオンズのコーチなどを務めたデーブ大久保さんによると、「ヤジると一瞬鋭い視線でにらみ返してきた。しかしそのあとが彼は違った。われわれをにらみつけた後、静かに打席に向かい、ものすごい打球を放ってわれわれを黙らせたことがあった」と言う。怒りの感情は持ちながら、それをコントロールしてエネルギーに変えてプレーに活用したのだ。

不遇の時に、逆境時に、人間は鍛えられる。もちろんそこでひねくれてしまう人もいるが。冬の時代の過ごし方がとても大事だ。

ただし、怒らせてしまった後のフォローも大事だ。人物を「鑑定」することが、最終的な目標ではない。「鑑定」した結果を元にして、付き合うべき人物なのか、また、付き合うとするならばどのような距離感がよいかを知ることが目的だ。今後も程よい距離感をもって関係を続けたいのならば、怒らせた後のフォローが必要になる。

まずは不快にさせたことを謝罪しよう。アホ本にも記したように、「メンツよりも実利」の精神だ。こちらから喧嘩をふっかけておいて謝るのを恥ずかしいと思わず、まずは頭を下げて相手に溜飲を下げさせる。謝罪の後にも、関係が修復しなかったら、アホ本で記した「きまずいときこそ、無理にでも話しかける」を実践してほしい。例えば、相手がそっけない態度を続けているとしたら、「ある人がほとんど口をきいてくれないのだが、どうしたらいいのか」と自分たちの間柄をそのまま相談してしまうのだ。かなりの高等テクニックだが、相手が関係性を客観的に認識してくれれば、その後の行動を修正してくれる可能性が高くなる。

アホを「怒らせる」という反撃の一撃が、アホの対処法を探し出す糸口となるのだ。

威張るのがアホ、感謝するのが成功者

政界で威張らない人はほぼいなかった。意味もなくエラそうな人物に対して、不快に思う毎日だった。政治家が威張らなくなるのは、総裁選で議員票が欲しい時だけ。総裁選に出たいのに推薦人が足らない人が、いつものイキった感じからの手のひら返しで気持ち悪いくらい腰の低いストーカー電話を何度もかけてきたことは今でも忘れられない。普段威張っている人がこういうときだけネコナデ声を出すのは格好悪かった。

しかし、どの業界にも威張らない素敵な先輩はいる。日本の政界で威張らなかった人を私は二人知っている。

一人は直前の参議院のドン、故・吉田博美さんだ。いつも私の希望を聞いて美味しいお店を予約してくれ、いつも私より先について下座に必ず座っておられた。たまに先に行っ

て下座に座って待っていると「何やってんの。僕との時は、あんたは気を使っちゃいかんのよ」と本気で怒られた。そして「この世界にいると頭にくることばかりだろ。なんでも俺に言って。耕太郎ちゃんは絶対反抗しちゃだめだよ。僕が絶対背中を押して押し上げるから」と言ってくれ、本当にその嫌な人物と私のために対決してくれたのだ。金丸信さんの秘書を長年務め、長野県議会議長までやられ、「国会議員になる気は全くなかったのに仁義で断れなかった。僕には天下国家はないから国のためにできるのはあんたらやりたいことがある若手を応援することだわね」と言っていたことが忘れられない。

もう一人はあの菅義偉さんだ。政界では、手柄を全部持っていく先輩ばかりだったが、菅さんだけは違った。私がやりたい政策のために、頭を下げて議員を集めてくれ、議員連盟までつくり、閣僚経験あるご自身を事務局長にして私を会長にしてくれた。そして議連の勉強会には私などでは呼べない大物をご自身のつてで呼んでくれ、意義ある会にしてくださった。この議連で多くの取材を受けたときも常に私を前に出してくれた。第99代内閣総理大臣としてご自身が前に出ざるを得なくなったが、人を前面に立たせることを大事にする方であるという意味ではご本意ではなかったであろうと察する。菅さんと吉田さんだけは手柄を若手にくれ、陰に日向に何も依《よ》るところがない私たちを守ってくれた。

この経験をもとに、若い人に説教するアホにならないように自戒している。私がすべきは、リスペクトを持って話を聞いて自分の考えをシェアするだけだ。経験を積んだ人物は時に若い人の盾になり、壁に当たっている時にそっと励ましたりするのが役割だ。

私の周りにいる成功者を観察した結果も記しておこう。

ロンドンに居る投資先の起業家を訪ねた時に感心したことがある。この起業家と一日ともにしたのだが、タクシーや自分の会社、レストランなどあらゆる場面で「Thank you」しかいわないのだ。会社の施設に私を案内した際、警備員がセキュリティの理由で彼を足止めした。彼を創業者とは知らないようだった。彼は笑顔で「いつも頑張ってくれてありがとう。僕はこの会社の創業者のディビッドです。すばらしいセキュリティでありがとう。どうかわたしを通してくれませんか？ アジアからわざわざ視察に来てくれた友人と一緒なのです」と感謝を口にした。驚いて謝る従業員に対しても、「ありがとう。そういう真摯な姿勢が会社にとって一番大事です」とお礼を言う。

レストランでも注文した後に別のウェイターさんが注文をとりに来たところ「素晴らしいサービスありがとう。でもあの人に注文したばかりです。それでは飲み物の追加をお願いします」という感じだ。

威張らない。これがこれからの若者を顧客に持つ企業のトップの姿勢だろう。彼の「Thank you」攻撃は皆をハッピーにする。地位が高い者、成功しつつある者が腰低く「ありがとう」ばかり周りにいっていたらどうなるだろうか。味方ばかりできていくはずだ。起業家は、いろんな人の力を借りなければ成功できない。周りを勢いだけでなく、感謝の気持ちで巻き込むことは非常に大きい。「Thank you」の輪は広がる。聞いてみると入れ替わりが激しいスタートアップの世界でも彼の会社の人材の定着率は抜群に高い。

アホには威張らせておけばいい。キレさせておけばいい。張り合わせておけばいい。教えてあげてもこちらが返り血を浴びるくらいだろう。そんなアホは放っておけば自滅する。アホがアホな振る舞いをしているのを尻目に、彼らを魅了するくらい「ありがとう」を繰り返すことが自分の人生を成功に導く。

視野を広げるためにあらゆるものを観察せよ

「わかり合えない人」が認知を拡張してくれる

〝わかり合えない人〟というのは、意外に貴重な存在だと思う。今までそういう人を、不快に思ったり、話すだけ無駄だと思って心を閉ざしたり、逃げたり、時には見下したりしていた自分がもったいない。その意味では私自身がアホだったが、自らを省みて気づいた。全部が全部を神のような心を持って受け入れよとまでは言わないが、わかり合えない人の考え方の背景にあるものに思いをはせることは自分の常識や考え方や経験を拡張してくれることが少なくない。

そのためのポイントは、正しいか否か、高尚か下劣かなど、自己基準のバリュージャッジメントをせず、起こったことや発言をそのまま観察することだ。言動をフラットに受け止め、そこに至った理由の背景に思いを寄せてみる余裕を持つことが、ビジネスのチャンスを生み出すことにつながる。

「イモトのWiFi」をキャッチフレーズに、ルーターの貸し出しで大成功したエクスコムグローバルの西村誠司社長が、YouTubeの番組で「正直なんでみんなうちのルーターを借りてくれるのかわからない。自分なら旅先で安いＳＩＭを買っていますよ。そっちの方がずっと安くて簡単。でも人はそういうもの」と発言していた。あのルーターを借りる人を〝テクノロジーの知識のない、理解できないバカな連中〟と言って見下すのではなく、「多くの人はそういうものかも」と人を観察して答えを出して、西村社長は行動を起こして一大ビジネスにしたのだ。ビジネス的には「ルーターを借りる人」をバカにせずそれらの人にサービスを提供した西村社長が正解だったのだ。なるほど、と思った。

シンガポールでは、日常生活で、宗教や文化や世代や性差や職歴が多様な方々に囲まれているため、時として「この人、なんでこんなことをするかな？」と感じて、ギクシャクすることもある。コロナ禍に入ってからは、外で会うときは暑い中マスクでお互いがモゴモゴ・コミュニケーション、テレビ会議ではたまに通話が途切れたり画面がフリーズしたりして、「わかり合えない」イライラにストレスが上乗せされることがある。その時に、「わかり合えない人こそが自分の認知能力を拡張してくれる」と思うようになると楽になってくる。物事の優先順位や大事にする価値観が違うと見える世界が違うのだ。そういうことに気づくと自分の引き出しが増えて次からいろんな人とうまくやり取りができるようになる。

ただ、あんまり無理やりに頑張らないこともコツだ。相手を理解しようとあんまり頑張るとそれ自体が大きなストレスになるからだ。それ以上不快にならない範囲で「わかり合えなさ」をさらりと観察してチャンスにしてみよう。

日本の外に出てから、そしていろんな経験を積んで、意見の食い違いほど、貴重な好機はないと思うようになった。

もちろん、分析や意見が一致してそれを称賛されたりすると心地はよい。さらに分析や意見を強固にしてくれるサポーティブな意見を聞くと自信を持てる。それはそれでご機嫌になる。

しかし、正しいデータと論理に基づいて、異なったアングルから意見を交わすほうが高い成果につながる。そもそもお互いが時間を使うにふさわしいと思っている場合、それはその人の思慮深さや分析力に一目置いているということだ。そういう人物に分析や意見を叩いてもらえるなんて、実はありがたいことなのだ。そして、思慮深くて分析力がある人が、自分の意見や分析にチャレンジしてくれることは、違う切り口や私が入手できていないデータが披露されるということでもあるのだ。

最近は、いきなり反論されてもちょっとした不快感の後、「これは面白いことになるかも」と思えるようになってきた。あらたな切り口と情報が提供され、ちょっとシナリオが狂ったが、新しいシナリオも自分の中におかげさまでできて、いろんな意味で今後の備えが拡充された気分になるのだ。

世界には無数の人がいる。その中には、当然、わかり合えない人もいるだろう。そうした人と意見がぶつかり合った時には、アホがするように相手をやり込めようとしてはもったいない。リスペクトを持って意見を交換し合い、分析しながら、自分の考えをアップデートできるいい機会ととらえて楽しもう。

アホの得意分野を見いだせ

「どんな人でもリスペクトできる」こう聞くと綺麗ごとすぎる響きがあるかもしれない。でも本当にそうだ。どんな人でも、まだこちらが知らないだけの才能を持っている。何をやってもダメなんて人はいない。

かくいう私も、リスペクトを勝ち取るべく、自分の土俵に周りの人を持ってきたことがある。初めての海外留学時は英語もできず、だから勉強にもついていけず、クラスメイトは「なんでこんなやつが学校にいるんだよ」と思っていたはずだ。いつも貢献がなく教えてもらう立場に立っていた。最初は許されるが、その形で何か月もたつとフェアではないと感じる人も現われ、厄介者扱いされはじめる。そこで私は積極的に皆と野球やテニスやサッカーをして頑張った。その結果、放課後や週末では一目置かれるようになった。居場所を見つけてからは、モチベーションを上げ英語の授業に慣れ、少しずつ貢献して恩返しできるようになった。

レシピをみながら和食を頑張ってつくってクラスメイトに振る舞って「お前もやるじゃ

ん」と思わせたこともある。とんかつや唐揚げは、簡単な割に皆大好きなメニューなのだ。

クラスメイトが私の特技を見いだしてくれたように、どんなアホにだってリスペクトできる部分があるはずだ。「ゴミをきちんとゴミ箱に入れる」「箸の使い方がきれい」など、どんな小さなことでもいい。美点を見つけ、そこをきっかけにリスペクトを持てるようにしていこう。

ある人の一面だけ見て、こいつ全然ダメと思うことがあるかもしれないが、他方面でものすごい能力を持っているのが人間なのだ。どうしてもバカにしてしまう人がいたら、その人の好きなこととの世界に飛び込んでみよう。大発見があるだろう。そしてその能力をリスペクトしてそれを最大限に発揮できるようにしてあげることが、パフォーマンスを最大限にすることにつながる。

アホへの電話は観察の機会と割り切ろう

ビジネスをするうえで欠かせない電話は、実は相手の観察に役立つツールだ。とはいえ、苦手な相手、特にアホと話す場合、どうしても電話では緊張してしまうため、メールで済ませたくなる。しかし、どうしても電話が必要なこともある。電話をかけるときの緊張を解きほぐす方法や話し方や、電話の苦手意識をなくす方法はあるのだろうか。

私自身も、基本ビジネスでは、メールやMessenger、WhatsAppなどのメッセージアプリを使っている。ただし、重要なときは必ず電話をする。相手も重要なときは電話をかけて来る。なぜなら、電話にはメールやチャットなどの文字のやり取りにはない情報がたくさん含まれているからだ。

相手からもたらされる情報は本当か、それとも話半分か。あるいはやる気・元気の有無などの相手の心理状態……。こういうものは、文字だけでは伝わらない。しかし、声から感じ取ることができるのだ。

特に重要な交渉の場合は、相手の情報を少しでもたくさん仕入れることができるよう、電話をするに越したことはない。例えば、相手は本当にやる気があるのかどうか、意義を感じるかどうかなどがわかる。重要な交渉においては、相手の時間を奪ってでもやる意義は大きい。もちろん相手には「何時頃にお電話をかけてもよろしいでしょうか？」とお伺いを立てる。これに対する相手の対応にも、重要な情報が満載だ。例えば、立場が悪く、たくさんの情報を与えたくない場合は「今日は電話に出られない」と逃げるはずだ。

政治家は電話が多い傾向にある。メールを書いている時間がないし、記録として相手に残されることも嫌がるからであろう。また政治家こそ、相手の声色、声量で相手の本気度や情報の真偽を確かめるプロなので、自ずと電話が増えるのだと思う。

最も重要な話は、直接会って目と目を見合って行う。しっかり相手の顔を見ると、声以外の情報がたくさん読み取れる。目の動き、体の姿勢、貧乏ゆすりなどしてないか、もちろん生の声色や声の調子、手の動きにも情報が溢れている。面談、電話、メール、Messenger、それらの使い勝手の落差にとらわれずそのビジネスの重要度に応じて必要なコミュニケーションのあり方を探るべきだと思う。

そして何より、「相手を観察してやろう」という心構えでいたら、アホへの電話も少しは怖くなくなるはずだ。

違いに無神経なアホがはびこっている

アホがアホである理由のひとつに、考え方が硬直していることがある。一つの視点でしかモノを見られないため、他人の意見を受け入れられず排除しようとする。

例えば、『トップガン マーヴェリック』のあるシーンでトム・クルーズがバーからたたき出されるシーンである。昔付き合っていた女性に対して「相変わらずきれいだね」といった瞬間の話だ。この発言が女性蔑視とされ、罰を受けて訓練生たちにたたき出される。ここを理解できる人が日本人にどれだけいるだろうか？　容姿の美醜について自身のバリューでジャッジして口に出すことは蔑視になるのだ。

背の高いやせた若い人に対して「〝モデルさん〟みたい」「〝女優さん〟みたい」という発言をしてしまう人がいるが、ほめているからいいだろ、というものではない。それで怒られるわけではないが、少なくとも「残念な人」になってしまう。

特にZ世代以下にはそうだ。モデルとか女優とかみたいにみられることをうれしく思わない、どちらかというと、嫌な人も結構いる。あなたが言われたいように、皆が言われたいわけではないのだ。

アメリカ人や東南アジア人など、国籍で括《くく》ることも気を付けた方がいい。2021年に帰国した際、日本のスポーツ番組をみていて、大谷選手とアーロン・ジャッジ選手、MLBアメリカンリーグでのMVP争いの解説を聞いてぶったまげた。元日本のプロ野球選手の解説者が、「今年はアーロン・ジャッジでしょう。アメリカ人はなんといってもパワーが好きですから」と真顔でいっていたのだ。

まずこの人はMVPがどうやって決まるか知っているのだろうか？　そしてアメリカ人とは誰のことだろうか？　パワーが好きというのはどういうデータに基づいているのか？　そもそもジャッジ選手の名誉のためにいっておくが、彼はパワーだけでホームランを打っているのではなく、配球を読む頭脳もあり、広角に打つ技術もある。

「外国人」や「アメリカ人選手」などと日本の解説者は雑に言うが、多くはドミニカ人だったりプエルトリコ人だったり出身地も色々だ。彼らが日本の解説者によって無責任に「アメリカ人」だと言われているのを知ったら怒る選手もいるだろう。皆母国にプライドを持っているから。

MLBの中でも投球・打球速度も飛距離もトップクラスの大谷選手の登場で、日本人解説者も「あれは日本人にはまねできない打球です、投球です」とか言えなくなったが、根拠のないステレオタイプ化は一度や二度は許されるが、お里がしれてやがて信頼を損なってしまうことを忘れてはいけない。

多くの日本人は、自分たちのことを繊細だと思っているかもしれない。もちろん、そういう一面もあるが、ある意味鈍感で無神経だとも思う。配慮があるようで配慮が全く足りないところもある。

ステレオタイプに人をジャッジしたり決めつけてものを言ったりしてはいけない。こんなことをいうと「物が言いにくい時代になった」とかいう人がいるが、違いに無神経でリスペクトがないだけである。そういう人は、日本人の中でもいろんな人がいるのにそういう人にも失礼な物言いや対応をしているのだ。

私たちのステレオタイプなものの見方は根本から疑う必要がある。男性や女性と割り切れない人もいるし、同性が好きな人もいる。食べ物だってわれわれがおいしいと思うものを、皆が本当においしいと思っているわけでもない。笑うところやきれいだと感じる感覚も怒るポイントも違う。

自分のバリューで相手を褒めていることになっているのだから何を言ってもいいというわけではないのだ。相手に何か言いたいならもっとよく観察して誰からみてもフェアで正確だと言える形で表現してあげることだ。

これもできないならまさしくアホである。国内で日本人同士であってももっと必要なことだ。本当のリスペクトを学ぶ第一歩はステレオタイプをやめることである。

アホに囲まれて自分を見失いそうになったら

場所を変えれば自分の価値が高まることがある

アホは周りを貶《おとし》めることで、自分に価値があると思い込もうとする。そんなアホの態度はスルーするのが最善策であると思うが、マジメな日本人の中には言葉を額面通りに受け取ってしまう人も多い。アホの虚言に惑わされ、自己肯定感を低く持ってしまう人にアドバイスするなら、「場所を変えよう」である。私自身も「なぜ今の自分があるのだろう」と考えると、「存在場所を変えて自分のバリューを上げてきた」からである部分は大きい。

政界を離れた後、子供もできたこともあって、しばらく東京にいたのだが、それは悶々《もんもん》とした日々であった。私には次にやりたいこともあったが、それをコラボしてくれる人も実現できるリソースを持ったパートナーも見つからなかった。自画自賛ではないが、政治家として「日本やアジアにある課題」を見つけていたし、その「課題解決」は「三方よしの事業になる」と確信していた。一方で、「東京での自分の価値は結構低いなあ」と感じさせられていた。

その後、いろんなチャンスに恵まれ、また娘の教育のためという強い動機もあって、シンガポールへと居を移した。それからは、紆余曲折はありながらも、アイデアが実現していくことになった。日本で政治家を続けていても会えないような人々と面会できるようになり、彼らに自分のアイデアを伝えたところすぐに事業になっていくものもでてきた。私が日本で培ってきたものにいきなり価値がつくような経験だ。日本では「いいね」と言ってくれる人もいたが、なかなか物事は動かなかった。そしてここ数年で私の同僚や友人が政界や財界でどんどん出世してくれ、私のプロジェクトが彼らも一目置いてくれるようなパートナーとやっていることもあり日本からも応援してもらえるようになった。

タイミングもあろうが、場所も大きいなあと思う。シンガポールほど日本人へのリスペクトがある場所はなかなかない。しかも、政治や政府がリスペクトされているお国柄なので私のバックグラウンドは過大評価され気味だ。そして、英語と中国語が通じ、航空的にも金融的にもハブとなる機能を国自体が持つおかげで、アジア中・世界中の大物に出会うチャンスにあふれている。

安易に場所を移した方がいいとお勧めするわけではない。しかし、アホに貶められた自分の価値を劇的に変化させるには、場所を変えることも大きなきっかけとなる。アホに潰される前に、その場から逃げ出せるモビリティは、現代の日本に生きる人間にとって必要な資質の一つだ。

自分と比べ自分に勝つ

アホに悩まされ、心がバラバラになりそうになった時、一つの心の軸として目標とする人物や自分のヒーローを心に持つことは素晴らしい。しかし、あくまで比べるのは自分にとどめたい。勝負はあくまで自分とするのだ。

思い出すのは政治家時代のこと。将来は変わってほしいが、私が議員をさせて頂いた当時はまず19ある大臣の椅子を争い、最後は首相の座という一個しかない椅子を30年くらいかけて争う究極の椅子取りゲームだった。

私のメンターは政治経験豊富な大先輩で今でもリスペクトしているが、当時「若いんだから、20年待ちなさい」と言われ目の前が真っ暗になったのを覚えている。でもそれが当時の相場だった。世襲で若くして当選しても、首相候補として頭角をあらわすのに20年はざらにかかるものだ。

政治家時代に得た結論は、「何が評価されるかわからない世界で、限られた数の椅子取りゲームをしていると、自分の人生を生きられなくなる」ということだ。別の言い方をすれば、「他人の目を気にして生きる」ことを強いられてしまうのだ。不明瞭な評価システムの中で、なんとなく評価されるであろうことをやる人はたくさんいるので、足の引っ張り合いしかすることがない人がたくさん出てきてしまう。その結果、「他人を嫉《ねた》み恨み、選挙から政局まで他人にどう評価されているかが最優先されてくる」のである。これはほかの組織にもあるかもしれないが、私には苦しかった。

当時は浴びるようにお酒を飲んで憂さを晴らしていた。でも今はあの経験に感謝している。あのアホだった自分を振り返って観察することで、「勝負すべきは昨日の自分」であることに気づいたからだ。

昨日の自分よりどれだけ能力が拡張できているかを念頭に置いて生きていこう。昨日より的確な判断ができるようになったか、仕事相手や家族を幸せにしてチャンスを増やしてあげられただろうか。日々、成長を確認する項目はたくさんある。基準は自分なのだから、他人の成功は嫉まず祝福できる。失敗も劣化もあるが、くよくよしている暇があったら切り替えてできることに集中しよう。環境や他人に文句を言ってもコントロールできないものは仕方ないのだ。

すべては途中経過に過ぎない

どんなに強大な国も人物も成功して栄華を極めた瞬間から没落と失敗が始まる。一方で逆境や艱難辛苦《かんなんしんく》が国や人物を鍛え、そこから栄光が始まることもある。いかなる偉業を達成したといわれる人物をみても、最後は悲惨だったり、末裔が悲劇に見舞われたりする事例ばかり。人生に「勝ち逃げ」はない。

現代でも、間違いなくそれは言えよう。途中経過に過ぎないのに、成功者として取り上げられる人物の話など話半分以下に聞くのがいい。大抵は終わりの始まりに気づいていない奴らだ。逆に〝今はさえない失敗者の烙印を押された人物〟を応援する意味はあるかもしれない。どんな偉人でも大帝国でも、直線的な成功も失敗もない。あるのは「永遠のアップダウン」である。

「絶好調のときは終わりの始まり」

「苦難の中は成功の始まり」

ととらえるのがいいだろう。フランスやポルトガルやスペインやイタリアの歴史や偉人たちについて学ぶたびに、これはどうやら間違いない法則だと思う。

自分の身を振り返っても、ショッキングで残念なこともいくつかあったし、嬉しいこともあった。でも面白いのは、起こった事の一次効果と時間が経って現れる二次以降の効果の違いである。

ショッキングで残念なことの多くは、起こった瞬間私を打ちのめし、もう立ち上がれないかもしれないとまで私をボコボコにした。

ところが、時が経つと、このショッキングで残念な出来事が、私を覚醒させ、鍛え、そのおかげで、多くのことに気付かせてくれた。人間として、次のレベルに向上できた。この後から、多くのより良い判断ができるようになった。

一方で、ハッピーでラッキーな出来事はどうか。もちろん私を瞬時に幸福感で満たし、自信を与えてくれた。ところが時間が経つと、これは私を地獄の入り口に連れて来たイベントだと気付いた。得意になり、調子に乗り、警戒や準備を怠り地獄へ真っ逆さまだ。多くの間違った判断をするきっかけとなったのだ。

一喜一憂こそ危うく無駄なものだ。起こる事全ては途中経過。死ぬまで全てが途中経過。家族のことも含めるなら、自分が死んでも全ては途中経過だ。

人生に勝ち逃げも負け逃げもない。勝ち逃げしたと思っても残された家族が不幸になる始まりかもしれない。負け続け残念な状態のまま終わったと思える人生が残された家族や友人を勇気付け覚醒させ多くの人を幸せにするかもしれない。

アホとの付き合いの中で訪れたピンチもいつしかチャンスになり、そんなチャンスもいつしか自分を成長させ逆境になるかもしれない。自分に起こる出来事は常に途中経過ととらえ、昨日の自分を超えられるようしなやかに生きていこう。

アホに振り回されないリーダーになるには？

立派なリーダーがアホを集める？

立派なリーダーの下にこそ、アホがはびこることがある。なぜなら、アホが生きやすいからだ。人格者のリーダーは、自分を基準にして考えて、周りに居る人間も自分と同様に人格者だと思いがちである。また、海外では「失敗から人間は学ぶ」という考え方が一般的で、失敗には寛容だ。それどころか、「人間の成長には失敗を必要とする」と考えているリーダーも少なくない。つまり、一度や二度の致命的なミスで人間を判断しない。それは素晴らしい考え方だが、その寛大さにつけこむアホがいるのだ。

アホはしたたかだ。人間には、接触時間の長さでその人に好感を持つ「単純接触効果」

というものがある。時間があるアホは、それを悪用する。寛大な人格者のリーダーに暇を見つけては必死に接触し、人格者に取り入ろうとする。そして、「ご注進」という形で、ライバルを蹴落とすのだ。

特に潔さを尊しとする日本人が、そんなアホにやられやすい。どこかで「お天道様はきっとみている」「あれだけ立派なリーダーが私の正しい行いを見逃すわけがない」と思ってしまうからだ。アホの頻繁な接触にやられて、アホのいうことばかりを聞く〝人格者〟のリーダーを勝手に見損なってしまい、さらに遠ざけ接触が減る。そうすると加速度的にアホの信頼は増し、潔い人間の信用はさらに減る。リーダーから見て近づいてこないものは可愛くないのだ。その結果、こちらは素晴らしい人格者をアホと勘違いしてしまい、相手からもアホの烙印を受けてしまう。

立派なリーダーにつけこむしたたかなアホを野放しにしてはいけない。対抗するためには、日本人として染みついてしまった「潔さ」は放棄しよう。そして、意味があろうがなかろうがとにかく頻繁にリーダーに接触し、自分の正しさを説明しないといけない。それくらい泥臭くならないと、したたかなアホには勝てないのだ。

立派なリーダーにこそ、つけこむアホがいると思い、したたかに、しつこく、泥臭く接触していこう。

そしてあなた自身がチームを率いる存在になったときこそ、アホは立派なリーダーに媚《こ》びることを忘れてはいけない。

ポジショントークを常に意識せよ

アホに振り回されない人物になるには、「世の中にはポジショントークしかない」ことも意識しておく必要がある。どこの国の人間であろうが、自分の色眼鏡を通して物事を見ているし、自らの利益を優先する意識を持っていることがほとんどだ。他人が何を言おうがそのまま信じてはいけない。それは、あなたが心から信頼している人が言っても同じこと。その人が悪意を持って、あるいは悪意が明確になくとも無意識に、あなたをコントロールしようとしている可能性があるからだ。あっさり信用してそれに100％乗っかって事態を判断したり行動に移したりするのは非常に危険である。

情報は多様なソースから集めるべきだ。特に全く違う角度の情報にこそ価値がある。複数の情報源に当たり、異なる情報を聞いたら、情報元の人物の信頼度はいったんおいておいて、さりげなく情報を引き出していこう。そうすれば、立体的に情報を分析できる。特にあなたと強い利害関係を持っていない人の情報は信用できるものだ。その際、次のことを留意しておきたい。

・なぜその人がそういう情報を持っているのか？
・その人と情報源の関係はどうか？
・あなたが信用している人とその人の関係はどうか？
・複数の情報源同士の相互関係はどうか？
・複数の情報源の情報は時系列的・内容的にどこが同じでどこが違うか？
・そういう相違はどうやって起こっているのか？
・その背後にある各々の利害はどうか？
・それらの分析を踏まえて考えられる最も正確な情報は何か？

情報をわざわざ伝えてくれる人には動機がある。人間の動機は利益に基づいていることが多い。どんな人物でも意識的あるいは無意識的にバイアスがかかり、たいていの場合ポジショントークになっている。できるだけ多様な情報、特に真逆の情報を複数の情報源から常に集め、立体的に分析してから意思決定して行動を起こそう。アホが行う情報操作に騙されないために心得ておいてほしい。

アイデアを口にすべきただ一つの理由

リーダーになったら、自分自身がアホにならないだけでなく、周囲から「アホ」と思われない振る舞いも身につけよう。エース級カンパニーで世界の大成功者と共に働いていて思うのは、呼ばれた会議では、何を思われようが、自分の意見を言った方がいいということだ。日本人がよくする「こんなこと言ったらバカにされるかも」といった考え方はムダ。なぜなら、多様性あふれる組織では、異なる見地からの意見は尊重されるからだ。間違いを恐れる必要はない。多少、明後日の方向を向いていることを口にしても、皆が忙しいので、スルーされるだけ。よほど見当違いのことを発言してしまえば尾を引くかもしれないが、多忙なメンバーはやがて忘れてくれる。

そもそも、会議に呼ばれる者にはとにかく会議の議題について自分なりの答えを持ってくることが最低限求められている。「会議で何も言わないやつはアホと思われる」のだ。私の知る限り、意見を言わないで済む会議に呼ばれることは最初からない。そして、どんなアイデアだろうが肝心なその場で、その瞬間に言わない限り道は開けない。発言は会議における必須事項であり、かつ物事を動かすための原動力ともなる。

もちろん、言い方も大事である。意見の相違があっても、まずは相手の意見に敬意を表さなければならない。日本人にありがちな反対意見の表明＝人格否定の考え方などもってのほかだ。フィーリングで反対するのも良くない。賛成しない根拠とロジックをまず明快に説明することが重要だ。発言態度にもコツがある。どんな意見だろうが言う時は堂々と表明し、最後までしゃべり切る。とにかく自信が大事だ。

そもそも、発言して存在感を発揮した方が仕事していると思われる。つまり言った者勝ちなのだ。あまりにもひどい意見はよくないが、その会議に呼ばれるくらいの人なら基本自信を持って言う方がいい。失言をとがめられることはない。発言が評価されればラッキー。それくらいの気軽な気持ちで議論の場に臨むことをおすすめするし、そうでないと「アホ」の烙印を押されてしまうのだ。

アホには嫌われないようにしなければならない

「好かれたい」という気持ちは捨てよう

私は「アホに嫌われない技術」を大事にしている。一方で、誰かに「好かれたい」と思ったことがない。そういう感情を持った瞬間に相手に対して弱くなることが、その理由の一つだ。

ビジネスで最も大事なのは目的を達成することだ。人間関係の構築においては、目的達成のためのパートナーシップを築けるかどうか、あるいは、共通の目的をシェアできるかどうかが重要になる。そこでは、人としての好き嫌いはまったく意味がない。

だいたい、なぜ大人になって、仕事の世界で、好かれないといけないのだろうかと思う。邪魔されるほどに嫌われなければ、別に好かれなくてもいい。パートナーが仮にアホであったとしても、私の邪魔をしなければいい。つねに目的達成最優先だ。もちろん、結果として好かれたり仲良くしたりできればそれに越したことはない。

とはいえ、人に好かれたいという感情は本能的で、なかなか捨てがたい。そんな感情に流されそうなときには、「他人の感情はコントロールできない」という冷徹な前提を思い出すようにしている。自分の力で動かせないことに執着していても意味がない。「自分がコントロールできるものに力とエネルギーを集中すべき」と決め、アンコントローラブルな事柄に関してはあれこれ悩んだり、クヨクヨしたりしないと決めるといい。

成功するほどにオーラは消す

特に、他人に関心があり、嫉妬深い「日本社会」では「嫌われない技術」がとても大事になる。私自身、「嫌われてもいいや」と思っていた時期があったが、「アホと戦うこと」と同じくらい「嫌われる」ことは無駄であることに気づいた。

何か思い切ったことをするときに「嫌われても仕方ない」と思うことと「嫌われたい」

と思うことは全く別である。「好き」も「嫌い」も積極的な感情である。「好き」と「嫌い」は裏返し。プラスとマイナスの違いがあっても相手が持つエネルギーの大きさは変わらない。やっかいな人から「嫌い」という積極的な感情を持たれるのは面倒だ。「嫌われる」ということは「敵意」を持たれるということであるからだ。

パワハラする人間やストーカーまがいの人間から逃れるために「嫌われたい」と思う人もいるだろう。しかし、そういう人に積極的な感情を持ち続けられることほど恐ろしいことはない。むしろ、関心を持たれず無視されるように振る舞うべきだ。

嫌われない技術で大事なものとして「オーラを消す」ことをあげたい。その方法のイメージは、群衆の中に紛れることだ。例えば、多少なりとも経済的に成功すれば、それを見せつけたくなる誘惑にかられるもの。しかし、そんなことをすれば反感を呼び、下手をすると敵を作るだけ。自分の経済的成果を知らせたいなら、同じレベルで成功している人たちに限ろう。

具体的に説明していこう。どんな成功をなし遂げていようが、間違っても「俺はすごい」オーラは出さない。言葉使いも相手が年下であろうが、自分が上客であろうが、丁寧に敬語で対応する。丁寧さが慇懃《いんぎん》無礼《ぶれい》なレベルになっては本末転倒なので、過剰にへりくだったり不自然に自分を小さく見せたりする必要はない。常に自然な笑顔で謙虚に感じよく対応するようにしよう。

服装もそう。〝高いブランドもの〟と一目でわかるような服や派手な色合いのものは着ない。持ち物や時計も同様。品質のいいモノでも地味な色合いでロゴがそれとわからないものにする。経済的な成功を周りに知らせることにポジティブな意味はない。

飛行機でいえば、上級クラスに搭乗するとしても最後に乗る。優先搭乗などせず、ほかのクラスの乗客の皆さんに先に乗ってもらう。そうすれば他のクラスの乗客の人たちに気づかれない。道を歩くときも自信を隠して視線も誰にも合わせない。胸を張って人をかきわけたり、先頭に立ったりしても、そんなことに意味はない。道も順番もさりげなく他人に譲る。乗り物の中では、席を譲ったり、重い荷物やベビーカーを助けてあげたりする。飛行機や電車に先に乗っても早く出口から出てもその後のスケジュールにほとんど何の影響もない。

経済的な成功は自分でまたは親しい仲間うちでこっそり楽しめばいい。決して他人様《ひとさま》に見せつけるものではない。成功すればするほどオーラを消すことを心がけるべきだ。そうすれば無駄に敵はつくらず、意外なほどに味方が増えてくる。

日本社会は「好き嫌い」が優先される。一方で、海外では「ネズミを捕ってくれるなら白い猫でも黒い猫でも構わない」大らかさがある。いずれにしても、能力があってもわざわざ嫌われない方がベターだ。自分を際立たせるために先輩や同僚を悪く言ってはならない。自分が今居る場所の空気に合わせて、アホから目を付けられないことがアホに巻き込まれないために重要なのだ。

成功するリーダーは「人格者ふう」

「嫌われない」ための2つの方法

「嫌われない」ために必要なことを掘り下げていこう。私は二つのことを提言する。

一つ目は、「有名にならず、目立たない」ことだ。実は、有名になるメリットはたくさんある。まず、影響力を持てる。影響力があれば、いろんなことが仕掛けられる。しかし、今の日本では、はっきり言って有名になるデメリットの方が大きいと私は思っている。単純に嫉まれるからだ。

仕方なく有名になってしまうのは避けられない。しかし、目立たない努力は必要だ。例えば、ＳＮＳなどの露出内容や頻度をコントロールするなどをして、「目立ちたくないオーラ」は出しておいた方がいいだろう。

一人ひとりが自分以外にあまり関心がない海外では問題ない。しかし、繰り返すように日本は他人に関心があり暇な人が結構いるので、怨念をあびると怖いのだ。

とはいえ、「出過ぎる杭《くい》は打たれない」ので、そこまで行けばいいのかもしれないが、私はあえて「最初から出なくてもいい」と思っている。知る人ぞ知る存在がちょうどいいだろう。

もう一つの提言は、「人格者（ふう）になる」だ。

世界で成功できるリーダー像とは、「人格者然としているが少し扱いにくく、扱いを間違えると怖い人」といえる。

そうなるためには、感情が安定していることが欠かせない。すぐにキレるアホでは相手にもされない。一方で、あまりに人格者然、紳士然としているのもよくない。時に緊張感を漂わせ、怖い印象を与えることも大事だ。それは、パワハラのように言動で直接的に相手を威圧することではない。複雑で重層的な人格を醸し出し、怒らせたら厄介そうな相手だと思わせることだ。

国際舞台では感情が安定した人格者であることは当然に求められる。一方で、同時に怖さがないと確実になめられる。相手はこちらの髪の毛の先からつま先まで見ながらブラフ（はったり）を仕掛けてくる。

もちろん怖さには根拠が必要だ。相手が怖がる理由が、こちらが確実に持っている〝武器〟でないと、逆にさらになめられ、相手にされなくなる。そういう武器の存在をさらりと相手が気分を害さない形で、見せつけておくことも大事だ。

交渉前には、徹底的に相手の手の内を何通りにも読み、シナリオと相手の武器への対応策を準備し、実際の交渉の場では相手の様子を見て即興的に対応を変えていく必要がある。交渉の成果については、こちらの感情が読み取られないように、「目標は成果の下限の八割の出来で良し」とする遠慮がちな考え方もあるが、海外では、日本国内と違って「欲しいものを欲しい」とはっきり言うことは奨励されるくらいなので、遠慮は必要ない。常に冷静かつ怒らせたら怖い雰囲気をまとい、相手をびびらせる武器を持つ。アホになめられないためにはこんな〝人格者ふう〟の人物を目指すといい。

〝人格者ふう〟になるには瞑想が役に立つ

さて、実際に〝人格者ふう〟になるにはどうしたらいいのか。それには、「瞑想」が役に立つ。メンタルを鍛えることができるからだ。

瞑想には色々と技法があるが、大事なのは「呼吸法」。かんたんに言えば、深くゆっくり呼吸するスキルだ。それをコンスタントに日常で再現できるようにするのが、瞑想の一つの目標だ。

雑念は取り除く必要はないし、そもそも一般人には不可能だ。しかし、感情に起伏があるとき、間違いなく呼吸が乱れる。呼吸が浅くなった時に怒りや焦りが発生する。

そういうときに、無理に気を静めようとすると、かえって怒りや焦りが増すことがある。そうではなく呼吸に集中するスキルを磨くことで、感情がコントロールできるようになる。その結果、心に余裕が出てポジティブになり、認知能力も深まる。感情が常に一定するだけで、人格者ふうになれるのだ。

「大人の対応」というのは「呼吸法」にあるのだと思うことが多々ある。大人《たいじん》はスピード感ある仕事をやっていても、ゆったりしている。その余裕が、「嫌われる」リスクを軽減してくれる。

私が好きな映画のセリフに、『アベンジャーズ／エンドゲーム』でスカーレット・ヨハンソン演じるブラック・ウィドウがさらりと言ったこのフレーズがある。

I don't judge people on their worst mistakes（過去の最悪のミスでその人を判断しない）

〝人格者ふう〟になるには、この精神が大事だ。私自身も毎日毎日ミスばかりだ。失敗から学び、努力を積み重ねても、なかなか自分の傾向を変えることは容易ではない。しかし、確実に過去より「まし」になっているはずだ。

人間は大きなミスをした人を責めがちである。特に、自分に自信がないアホに顕著だ。ミスを大仰に指摘し、相手をやり込めることで、自分の優勢を保とうとする。しかし、それでは「明日は我が身」である。人間似たようなものだ。自分だってミスをし、反省したからといって一回で完全に直らない。ミスは繰り返すのが常だ。そんなミスをいつまでも狭量に責める暇があったらチャンスを与えた方がいいはずだし、私の周りの人はそうしてくれた。

結局、自分の問題だ。他人のミスで揺らがないようなポジションを築いておけばいい。太っ腹でいられるための土台は、揺るがない自分。それを築けば大切な人を守れるし、他人のミスにも寛容に対処できる。他人の過去のミスを許さないことは狭量であり、自分のことを棚に上げて省みないようでは成長できない。そんな狭い視野では、チャンスを逃してしまう。自分も他人も含め、世界そのものが完璧でないと心がけよう。

アホを生まないリーダーになるために

怒りの感情はマイナスでしかない

アホには自覚がない。だから、厳しく叱責しても改善しない。怒ることはやめよう。怒るには相当なエネルギーと時間を費やす。加えて誰かに怒った分、必ず恨みを買い、逆襲の怨念を浴び、全くいいことがないどころか、莫大なマイナスとなる。

あなたが怒りに任せて放った言葉をいつか忘れても、それを浴びた他人は絶対忘れない。「いつかやり返してやる」と復讐心を持たれてしまう。

他人にイラつく理由は、他人をコントロールできると勘違いしているからだ。家族であろうが、恋人であろうが、自分以外はコントロール不能。他人の心をコントロールするのは不可能なのだ。その理解から始めよう。

コントロールできるのは自分の心だけだ。じつはそれも難しいが、「他人の心をコントロールすることは不可能」と知れば、残るは自分の心だけだから、それに専念できるだろう。

他人の行動を変えるには、相手へのリスペクトあふれるインセンティブをちらつかせるのが手っ取り早い。つまり相手が何を欲しているのかを探るのだ。

金？　地位？　異動？　転職？　自己研鑽？　あるいはその組み合わせ？

相手をよく観察して欲するものを読みとろう。そして、それを刺激するやり方で相手の行動を変えていこう。

怒りにまかせた罵倒では全く逆効果であることは前述のとおり。相手が欲している物事を達成できるように手助けすることを伝え、リスペクトしながら、行動を変えていくようにしよう。

人種や国籍ではなく努力や結果で評価せよ

〝人格者ふう〟のリーダーに偏見や差別は禁物だ。民族的な価値を高く自己評価しがちな日本人が今持つべき感覚は、「国籍を超えて人間の能力に大差はない」という正常な感覚だ。日本人の知性が遺伝的に他国人より何か優れている科学的な証拠はない。世界に出てみれば、どんな国にも優秀で素晴らしい人格の人間はいる。人種差別や、道徳的な問題ではなく、事実として「日本人は優秀」である根拠はなく、それを正しいと思うのはアホなことである。多様性の中にいることはプラスもマイナスもあるが、私はプラスの方が圧倒的に多いと思う。謙虚に他人を認め、国籍を問わず有能な人間に囲まれるようにすべきだ。

誇りを持つべきところは、日本人であることではなく、努力を積みかさねて成果を出したことに対してだ。努力もせず、生まれながらに与えられただけのアイデンティティに根拠なく誇りを持つことにあまり意味はない。

頑張っていない奴は誇りを持つべきではないと自戒しよう。努力をするうえでは、世界の中で、自分がどれくらいの位置にいるか相対的地位を知る必要がある。自分が何をして成功したいのか、そのためには何をしなければならないのかを明確にし、グローバルに繋がる世界での相対的ポジションも含めて、冷静に分析して、必要な努力を重ねていこう。

一流が持っている「マインド」とは？

感情を一定させることは大事だが、常に理想通りにいくわけではない。何か自分の意図と違うことがあったり、要求を通したかったり、不満がたまっていたりすると、高圧的な言い方になってしまうこともあるだろう。そうしたときに意識したいのは、「リスペクト」だ。

日本社会にはリスペクトが足りない。

日本人が言う礼儀正しさとは、海外から見たらよそよそしさに過ぎない。セクハラもパワハラも、そもそもの原因は相手に対するリスペクトのなさだ。部下や女性や外国人に対するリスペクトのなさについて、日本社会は〝天下一品〟だ。海外では、同じ組織ではもちろん、違う組織にいてもフレンドリーに関係を作ろうとする。

しかも一流の人々はリスペクトを忘れない。話し方や態度、言葉遣い、これらすべてにリスペクトがあるかどうかはっきりわかる。

私はこのリスペクトという言葉を非常に気に入っている。日本語で言うと「敬意」。これが一番近い言葉だ。

距離を感じさせずフレンドリーに接する。しかしながら、リスペクトは忘れない。これが素晴らしい組織の人間関係のあり方だと感じている。

相手の立場に立ち、相手との違いを理解し、自分にない魅力や能力を持つ相手のそういう点を心から尊敬する。そういう態度で誰とでも接していれば、日本社会からパワハラやセクハラも減っていき、アホも少なくなっていくだろう。

傲慢は失敗の母

かくいう私も、日本で育ち、過剰に自信を持って人に接してきた歴史があるので、この考えに行き着くまでにたくさんの失敗をしてきた。自分が100%正しく、自分が誰よりもこのことについて知っていると思っていた頃、一緒に仕事をしているメンバーの任務は、私の思った通りに動くことだけだと信じ込んでいた。だから、相手の意見など聞かず、相手の立場などリスペクトせず、とにかく私の意見を高圧的に押し付けていた。

そういう場合、得てしてことはうまくいかない。しかし、それは自分のせいではないと思い、また周りが起こす失敗への不満を爆発させていた。これが悪循環となり、結果が出せない自分や所属する組織、そして周囲の人々のストレス度が高まるという結果になってしまったのだ。

海外生活、そして海外での子育てを通して、リスペクトを持っていないととんでもないことになるということを実感した。

まずシンガポールには多様な国籍や宗教のバックグラウンドを持つ人たちがいる。年齢もさまざまで、若くして責任あるポジションに立っている人もいれば、年齢を重ねても自分が好きな専門職のポジションに留まっている人もいる。女性もたくさん活躍し、組織で責任あるポジションに就く女性も日本より多い。

そういう環境では多様性が当たり前で、それをリスペクトする意識が組織の中に行き渡っている。リスペクトがないと人は動かないし、人間関係はあからさまに悪化するのだ。

自分の子供に対しても同じだ。しつけとはいえ、リスペクトなく高圧的に言うことを聞かせようとしていたら、先生や他の親から白い目で見られ、度が過ぎると通報される。ペアレンティングと言って、家庭教育の中でも自分の子供にもリスペクトを持って接することが当たり前に求められているのだ。

そう思うと、日本ほどリスペクトのなさに寛容な世界はない。言葉は悪いが、年長のおっさんが威張りすぎなのだ。

日本でもパワハラやセクハラがいろんな業界で厳しく取り締まられるようになった。SNSやスマートフォンの性能の向上で、そうした行動が一気に拡散し、ある意味海外以上に問題視されるようになってきた。

これから、あらゆる職場に、さらに急速に多様な国籍や宗教を背景とする外国人が増えていく。彼らにリスペクトのない対応を続けたらどうなるか。

今まで日本社会が経験しなかったような大問題にもなっていくだろう。子供からお年寄りまで、立場の異なる方、バックグラウンドの違う方は、必ず自分にない魅力や能力を持っている。そこをしっかり認識して、あらゆる人に対してリスペクトを持つ。これで世の中は大きく変わっていくはずだ。また、あなた自身が立派なリーダーになるためにも、リスペクトを持ち〝人格者ふう〟のオーラを持った人物になってほしい。

チームを率いる立場になったら

裏切られることを覚悟せよ

ただでさえ人口減少・高齢化の日本ではあらゆるビジネスが「椅子取りゲーム」の様相を呈しているが、その激しさは激烈を極めていくだろう。また、過酷な椅子取りゲームが、思考停止してアホになるように誘惑するかもしれない。そんな時には、「世の中には〝まさか〟しかない」と自覚しておくといい。

究極の椅子取りゲームは政界だ。国務大臣の椅子は令和4年時点で20、自民党の最高役職は4つ、総理の椅子は1つしかない。これを数十年かけて奪い合うのだ。

本当の政治家、いわゆる権力闘争の専門家は、やはり権力を長く持ってきて、常に権力闘争をしてきた自民党の政治家だろう。私が政治家にならせていただいた頃の総理は小泉純一郎さんで、派閥には橋本龍太郎さん、青木幹雄さん、野中広務さんらがいらっしゃった。皆さんはすさまじいオーラを持ち、私は部会や派閥の集まりで党本部に行くたびにお腹が痛くなっていた。

その大先輩から教えていただいたことが今の私の支えになっている。それは「世の中には〝まさか〟しかない」ということだ。これには色々な意味がある。その中で、今よりずっと青臭かった当時の私が信じたくなかったものとして「自分が一番信じている者から真っ先に裏切ってくる」というものがあった。最初に聞いたときは、残念で仕方なかったが、今となれば、全人生をかけて椅子取りゲームをしているわけだから、当たり前といえば当たり前だろう。この言葉が海外で生き抜く私を支えてくれている。この原理さえ、しっかり押さえていれば、生き残れる可能性が高まるし、何より自分が傷つくことがない。

自分は常に頑張って、いろんな意味で余裕を持って「裏切る」側にはなりたくない。しかし、自分が勝手に誰かを信じてその人が自分と同じように最後まで振る舞ってくれると思うのは筋違いだ。

「自分が一番信じている人から裏切ってくるかも」と覚悟したうえで人付き合いや、ビジネスを行った方が、長い目でみていいかもしれない。後になって「裏切られた！」と逆恨みするアホになる前に。

目的意識をもってカムバックを受け入れよ

裏切られるのを当たり前と受け止めると同時に、また自分と一仕事したいと思う人物を受け入れるのも偉大なるリーダーの仕事だ。

私のボスのマイケル・ミルケン氏は、カムバックを助けるのが大好きである。自身が逮捕や進行したガンからのカムバックを果たした人物だからだろう。そんな彼が主催するカンファレンスには世界中の政治や経済のトップが集まる。

一度感動したことがあった。そのカンファレンスの登壇者は本部のコンプライアンス審査をパスしないといけない。ある時、ある登壇者の過去に言及し、その参加に本部が懸念を示した。それを伝え聞いたミルケン氏が激怒する。

「一度や二度そんなことをしただけで、なぜチャンスのドアを閉じてしまうんだ。そういう人はその経験を糧にしているのだ。凄い実績を出しながらそういう経験をした人の話は聞く人にも響く。チャンスを与えればいいじゃないか！」

感動した。そして自らの心の狭さを恥じた。失意のドン底からチャンスを与えられたから今のミルケン氏がある。再起を願う人間にチャンスを与えたいとミルケン氏は、本気で応援する。だからこそ周囲に人が集まるのだろう。しなやかで活力があり挑戦心にあふれる本当に自由な空間が生まれる。色々あってもそれを糧にカムバックする人間は本当に美しいのだ。罪を憎んで人を憎まず。広い心でチャンスを与えよう。

とはいえ、人には感情があるため、有益だがどうしても許せない人というのもいるかもしれない。そんなときには、「何のために今これをやっているのか？」を考えよう。これさえ意識できれば、たいていのことでは自分の心は乱れなくなる。

これは、失敗を許すときだけでなく、どんな時にも有効だ。私も常に目的を自分に問うことで、イライラや雑念が消え、雑になったり、キレたりしないだけでなく、緊張もしなくなり、深く集中できるようになった。優先順位も見失わなくなった。納得できないものはやらなくなるため、ムダな時間やエネルギーも使わなくなる。これが生きていくうえでも、自分自身がアホにならないためにもとても大切な考え方だと思う。

一人の人間の中にある多様性を認めよ

アホの特徴の一つに、多様性を認められないことがある。多様性というと集団の中の個人が対象だと思いがちだが、個人そのものが持つ多様性を評価することもとても大事だ。一人の人間の中にも凄まじい多様性があるのだ。最近は海外と日本とでここに大きな差を強く感じる。純粋でまっすぐな日本人は「敵か味方か?」「善人か悪人か?」と竹を割ったような二者択一で人を判断しがちだ。「不倫したらオリンピック代表から外せ」「中国は敵だ。中国人とは一切付き合うな」というように。

人間は多様な側面を持っている。ある面はとても優れている人でも、別の面では情けないほどダメだったり、だらしないところがあったりする。すべてがきちんとしている人もいるかもしれないが、深い付き合いをしてみると、実はそういう人はあんまりいないことに気づく。一人の人間は、見えない部分で多様性を持っている。いい面だけ見て、神のようにあがめるのも間違っていると思うし、だらしない面をみて人間性を全否定して侮蔑するのも違う。

世界で各方面において、成功している人たちを見ると「猛獣使い」が上手だ。どうしようもない側面には寛大に目をつむって、いい面を最大限出してあげられるように付き合っている人が多い。馬力や才能があふれる人は本当にだらしない側面があることがある。よく言われるように「長所は短所。短所は長所」ともいえるだろう。

もちろん程度の問題で、ある境界線を越えただらしなさは許されない。でもそれを反省し、立ち直る人を支えてその人の才能を生かして一緒に成功する人もいる。

それを評価することこそ「大人の人付き合い」といえるだろう。一人ひとりが「大人の付き合い」ができてはじめて「国と国も大人の付き合いができる」ことに繋がる。「敵か味方か」「善人か悪人か」という人間の多様性を認めない懐の狭い二者択一に要注意だ。

世の中は自分に都合よくできていない

変化し続ける世の中を読むために

アホは、自分が誰よりも優遇されるべきだと考えている。しかし、実際の世の中は「誰にも都合よくできていない」のだ。その事実を心に刻んでいれば、うらやんだり、嫉んだりすることもない。一瞬「あいつは時代に愛されているなあ」と思われる人物や組織があるが、盛者必衰なのだ。この考え方に至ってからは本当に生きるのが楽になり、イライラしたり、落ち込んだり、悔やんだりすることがなくなった。その結果、自分がアホになる可能性を減らすことができたのだ。

それでは、世の中はどうなっているのか？　一つ言えるのはコンスタントに変化しているということだ。その変化は、居場所や注目するポイント、それを測る時間軸によって異なる。そんな世の中を生きるためには、世の中の変化の方向を読むことが必要だ。変化を先取りしてそれに乗っかり、自分の目的を達することを目指すことが大事となる。

さて、本題の変化の方向を読むためにはどうすべきだろうか。政治、科学、歴史、経済・金融、テクノロジー、人間心理、地理など、あらゆるものをよく観察することが必要だ。そのために必要なことを解説していこう。

●旅をすること

旅行はプランを考えるだけでワクワクするし、旅程を考えるなかで様々な知識を吸収できる。まずそこに行く準備。気候、地理、料理、民族、宗教、建築を想像して旅の計画を練り、服装や装備や旅程を考える。そしてその地について、そこに残る遺跡や今の人々の暮らしや伝統料理を見聞し、食する。

歴史や政治、文化、技術についても思いを馳せよう。なぜ今、そのような政治体制になり、産業構造ができたのか。この遺跡はなぜ誰がどういう目的で作ったのか。物価水準や為替の変化を体験しながら、街中ではテクノロジーの浸透度合いも感じられる。そうやって知識と体験を融合し、考えを深めるのだ。旅先には、これからの世界の変化の方向を読むヒントがたくさんある。

●投資をすること

人間の心に刻まれる大事な学習には痛みと反省が必要だと思う。その最たる例が投資だ。「投資なんか余裕ないよ」という人も多いだろうが、無駄な出費を抑え、副業でもして、お金を貯めて小額からでも始めることをオススメする。本当の経済や金融の勉強は投資から学べる。私が投資をしている最も大きな理由はここにある。

現在有望なのは、未来に賭ける形で投資するテクノロジー投資だろう。もちろん、リスクもあるが、それは勉強代でもあると思えば、安いもの。お金を賭ければ、真剣にそのテクノロジーやその企業の有望さを学ぼうとするものだ。そして、学びを重ねていけば、金融的リターンも得られるようになる可能性が高い。

●本を読むこと

教養を身につけることが目的ではない。分野を横断的に学ぶことでしか未来は読めないからこそ読書が必要なのだ。経済、政治、歴史、科学、哲学、文学などの学問分野は人間が勝手に分けただけである。いわば、人間の勝手な都合である。何度もいうが、「世の中は人間の都合にあうようにできていない」のだ。だから、世の中の先行きを読むには、世の中のあらゆる側面を観察して統合して分析するしかない。

本を選ぶときには、世界の名著を読むことを最優先してほしい。もうこの世にいない人が書いたものが、最もバイアスが少ない。その中で今でも読み継がれているものには生き残ってきた理由がある。時代が変わっても人々の役に立ってきたのだ。流行《はや》りの本よりも、時代を超えて読み継がれている世界の名著をオススメしたい。

●多様な人間に触れること

世の中の先行きを理解するためには人間心理の理解が必要だ。経済や政治、宗教を作るのは、歴史をつなげてきた人間なのだ。一方で、人間は完璧な判断ができない。感情に左右され、観察や分析には主観による傾向が生まれてしまう。

また、デジタルの世界だけで生きていたり、世の中からみたら少数派の特定の集団にしか囲まれずに生きていたりしていては、人間心理は読めない。唯一人間に触れずに人間を理解する手段としては文学がある。アホなエリートの中に文学をバカにするものがいるが、文学、特にロシア文学などは人間の機微を教えてくれる貴重な文献であると私は考えている。

世界のエリートの親御さんたちの間では、子供にあえてスタートアップや投資銀行やコンサルなどの華やかな業界でインターンをさせずに、レストランやホテルでバイトさせる人が増えている。私の友人は、多くがキャピタリストや起業家、資産家ファミリーだが、わが子をわざわざファミレスやカフェでバイトさせている人が多い。最初は怪訝《けげん》に思っていたが、今はとても腑に落ちる。人との接触があるからだ。私も屋台で食事しながら人間観察したり、タクシードライバーとの会話の機会を増やしたりすることで、いろんなものを感じ取り、人への理解を深めている。

完璧ではないから進化できる

かつての私は毎日ミスだらけで自分にガックリすることが多かったが、「完璧ではないから進化の余地がある」の心境に行き着けて落胆することはなくなった。その後、誰もが賞賛する成功者を間近で観察する機会にも恵まれ、完璧な人間などどこにもいないことに気づいてきた。

われわれが不完全なのは、どの方向にでも進化できる余力が残されているからだ。いわば、完璧ではないから進化できるのだ。

変化が継続する中で、進化するためには、一時的に一つの場所で最適化してしまっては、つまり完璧になってしまってはマズいのだ。完璧でない状態というのは変化に対応するために前後左右そして上下斜め、自在に変化できるように余力が残されている。だから、完璧でなくてよかったのだ。

完璧な人生の目的とか、最高に自分に合った仕事がなかなか見つからないのは、ここに理由がある。仕事も、それを生み出す経済も社会もコンスタントに変化しているからだ。どこかに不満や不安がある、つまり満たされていない状態こそが実は最高の状態なのである。

人生、つまりこの世で唯一一定なものは「変化がある」ということだけなのだ。私の場合、変化が好きか、嫌いかで言えば、ケースバイケースだが面倒臭くはある。しかし、変化を止めることはできないのだ。変化にあらがう姿勢がさらに世の中を、つまり自分の環境を変化させてしまうという皮肉な構造になっている。

だから変化は受け入れるしかない。誰も変化を止めてくれないし、止められない。耳をふさいで目を閉じても、変化は続き加速する。今の状態に不満を持つ人が世界のどこかで波紋を投げかける行動をとることで変化は伝搬する。誰にだって変化を起こす権利はあるのだ。

今が続けばそれでいいと思う理由で変化を嫌う人も多いだろう。しかし、そういう人ほど今がよくなくなって、変化を求め始めるのだ。あまりにも変化を嫌って追い込まれると、今度は変化を起こす側に向かうのだ。

人生の様々なステージで、「あの人完璧。なんで自分は違うんだろう」と羨んでしまう憧れの人たちがいた。その後、再会し、近況を聞くと、色々と思うところがある。一言で言えば、あの頃のあこがれの想いは何だったんだろうと思うのだ。

一時代の狭い世界で、完璧に適応したような人は、その後の変化で見る影もなくなっている。一方で、その人と出会った頃の様子が思い出せないくらい、当時影が薄かった人が、今や大活躍していることがある。彼らは変化に乗った人たちだろう。

完璧でない自分を責める必要はない。確たる目標やしっくりくる仕事が見つからないことも悪いことではないのだ。変化の時代にどこにでも動けるモビリティを持っているからこそ、不完全で、不確定な自分になっているだけなのだ。自分は変化させ続けるしかない。変化しなければ、多分死が待っているのだ。それが生物の掟なのだ。

逆に言えば、変化に適応できない人間はアホへと落ちる可能性がある。変化を恐れないように強い心を持とう。

向かい風で高く飛べ

私は歴史が好きなので、過去の偉人伝を読んだり、歴史の転換点についての分析に目を通したりする。それを見ると、歴史は当時の最優秀な人々をもってしても想定できないイベントの連続である。戦争もパンデミックも革命も経済危機もそうである。とはいえ、現代はその「想定外の変化が起こるスパン」がさらに短くなっていて、変化のスケールも大きくなっているように思う。

今までの世界は過去に例がないほど繋がり、各国はその繋がりに依存しながら精緻に分業し、同時に各国が切磋琢磨《せっさたくま》していた。そこでテクノロジーの進化も起こり、経済も豊かになってきた。そうやって世界史上最も平穏で安定した時代が続いてきた。ところが、順境では、人間は願望ばかり強まり、自分を律することは忘れ、忍耐力を失ってしまう。

さらに、連携しあってきた国家間でも、地理や歴史の違いから来る統治体制の違いから、国家同士の反目も起こり始めている。そこに激流となったテクノロジーの進化が混迷に拍車をかけている。

そうなるとリーダーたちも、わがままで自分を律することができない大勢の国民の、短期の人気取りのための成果を出すことに追われる。軽薄なポピュリストが喜ばれるのだ。一方で、忍耐力も見識もあるリーダーは、地味に見えて人気が高まらない。

短期の人気取りに長けるリーダーは、忍耐力も長期の大きな目標のための自分を律する力も持っていないものが多くなる。これは政治でもビジネスでもいえる傾向だろう。彼らの短期的人気取りが世界の混迷に拍車をかける。短期的な利益のために、世界の混迷の加速を狙うものも出てくる。

今後の20年の中で、今までの人類史上最も過酷な時期となり得る試練が訪れると思っている。これは世界の進化に人類の進化が追い付くために必要なプロセスだと思う。

戦争があるかもしれない。次なるパンデミックも起こるかもしれない。気候変動から来る災害も深刻化して世界中で頻発するだろう。これらが食糧生産やエネルギーや物流を混乱させ、われわれの生活は世界中で不安定となるだろう。多くの経済や生命が失われるかもしれない。

過酷な言い方だが、残念ながら、こういうイベントしか人類全体を進化させないと思う。新しい統治のあり方やテクノロジーの取り扱いや生き方を多くの人類が学ぶための修羅場といってもいいだろう。

これが考えすぎであってほしいと心から願う。ただ、自分がこう想定する中で私には自分から人生を降りる勇気がないので、準備をするしかない。

私が行っている準備は、一言で言えば、状況に応じてとにかく自分を変化させることだ。モビリティを確保し、色々な意味で身軽に動けるようにしている。さらに、忍耐力をつけて、どんなストレスがかかってもポジティブでもネガティブでもなくニュートラルに判断できる精神状態を保つのだ。

そのためには自ら逆風に身を置くのがいいと思っている。とかくナマケモノの私は厳しい環境に身をおかないと自分を律することができない。そして今までの人生で痛感したが、楽をしようとすると、かえって楽にならないのだ。

冬季北京オリンピックのジャンプ競技を見ている時に共感した言葉がある。ジャンプ競技の解説者が「大きく飛ぶには向かい風を待たないといけません」と言っていたのだ。「これだ!」と膝を打った。スキージャンプは飛行距離を出すのに追い風が必要と思っていたが、逆なのだ。向かい風ほど自分を遠くに飛ばしてくれるのだ。これはまさに人生そのものだと思った。

だから、誰に対しても嫉妬も羨望もない。今メディアで取り上げられイケていると騒がれている人たちの中には、順境の中にあり、持ち上げられ、自らを見失い、変化の中で自分を変化させるために自分を律することができていないと察せられる人もいる。申し訳ないが可哀そうだと思ってしまう。所詮、短期利益に追われるメディアの見識とはその程度のものだ。変化の中で、もがきながら耐えながら自分を律して地味にしている人たちを取り上げるわけがない。

私に関しては正直に言えば他人を気にしている余裕はないだけなのだが、華やかなニュースやSNSを見て他人を羨望や嫉妬している人たちにいいたい。あなたたちには一見華やかに見えても、そういう人たちは「滅び始めている可哀そうな人たちだけだよ」と。

この数年だけでも、人がうらやむような家庭に生まれたり、一時的に成功したりした人が私の周りだけでも何人も没落した。ほとんどが勘違いから来る自滅である。『クレイジー・リッチ！』というアジアのファミリーリッチの実態を描いた映画がある。私の知人も何人か原作のモデルとなっているが、その後人知れず残念な形になっている人も少なくない。歴史を学べばたいていはそんなものである。

他人のことを詮索・心配する暇があったら、自分を変化させていく準備を始めたほうがいい。力を入れず、柔軟に自らを保ち、ニュートラルに物事をとらえ、目の前のことにまずは没頭してみよう。

没入して物事に取り組めばきっと成功していくだろう。しかし、同時に世界は変化している。一時の成功など滅びの始まりに過ぎない。そういうことに評価基準や喜びを求めずに、自分が甘えてしまいそうな成功に浸ったら、より難しい環境に自らを置き、過去の成功体験に耽溺する前に捨てていくのだ。

これを続けていけば世界がどう変わろうが、自分の人生をなんとか生き抜いていくことができると思う。苦境にある人ほどそれに感謝してこれは大きく飛躍するための向かい風に恵まれている状況なのだと再認識するのだ。

謙虚な態度や思考で味方を増やせ

偉そうにしているのは間違いなくアホリーダー

リーダーとして結果を出し続ける人は高圧的でなく、一様に謙虚だ。そういう人は個としての能力がもちろん高い。それに加えて、色々な人の力を借りることもできる。そうなるために必要なのは、当たり前のようだが好感度だ。感情をアップダウンさせることなく一定にコントロールし、いつもさりげない笑顔を浮かべよう。そんな人の周りに人は集まる。誰もが認める成功を遂げた人が、弱みをさりげなくみせ、頭を下げてきたらどうだろうか。好感を持ち、助けてあげたくなるのが人情だろう。私が知る結果を出し続ける偉大な成功者はこんな人ばかりだ。

一方で、偉そうな人というのには愚かさしか感じない。なぜ、わざわざ応援してもらえないようなことをするのだろうか。その理由の一つに「個の能力に過剰な自信を持っている」ことがあると推測している。それが事実なら、そこがその人物の能力の限界点だろう。個人が有能であっても、できることには限界がある。ビジネスでも、政治でも、研究開発でも、成功するにはチームで立ち向かわねばならない。それに気づいていないとしたら、思考能力の浅薄さを示している。あるいは、本当は自らの浅薄さに気づいているが、その不安を押し殺すために自分でそれを隠している可能性もある。このタイプの人間は、世界がテクノロジーでつながり有能な人間がどんどん出てくる今日の競争環境を直視することができず、その時は成功していても三日天下で終わる可能性が高い。

推測できるもう一つの理由は「成功を目指していない」ことである。適度な地位や報酬を得た段階でそれ以上の成果に関心をなくし、それらを見せびらかすことで快感を求める「志の低い」人間であるということだ。もしかしたら欲がないのかもしれないが、ほとんどの場合、深層心理では自信がないことの裏返しだと思う。自分にはこれ以上の成功は望めないので、現状に居座って今の成功を見せつけて今のうちに快感を覚えておこうという感じだろう。

威張る人や高圧的な人は、実際は心に強い不安を持っている。自分の能力の限界に気づいているが、認めたくない。そして今の成功や地位もいずれ奪われてしまう恐怖に苛《さいな》まれている。こういう自分の自信のなさや不安を外に伝えたくない。そのためにわざわざ虚勢を張るのである。

よく観察すると、高圧的ながらもどこか不安そうな目をして、手足はそわそわと動く。不安を覆い隠すような派手な腕時計やネクタイやスーツを身につけ、秘書や部下への尊大な態度などが見受けられる。その人物の部屋にはこちらは関心がないのにトロフィーや賞状や有名人との写真が置いてあったりする。

一方で、本当に成功し続け、自分の総合力や今後の成功に心から自信もあり、さらなる成功に強い意欲を持っている人物は謙虚だ。好感度や信用、今後のサポートを獲得するために、誰に対しても自らの人を圧倒するオーラを覆い隠し、穏やかな表情や地味ながらも品の良い装いやシンプルな部屋でこちらを迎えてくれる。しかし、自信を隠している様子は伝わる。そこに多くの人々は魅了され、手を貸そうとするのだ。そうやって周囲が手を差しのべたいと思わせる人格こそが、リーダーに必要だ。

自分と異なる意見は貴重

自分とは違う相手の意見に対して、謙虚に耳を傾けるのも優れたリーダーの資質だ。私も日本に居るときは、意見が食い違うと「なんでこの人は私の見立てに賛同しないのだろう」「私が間違っているといいたいのか?」とけんか腰になってしまったものだった。

ところが、日本の外に出ていろんな経験を積んでみると、意見の食い違いほど、貴重な好機はないと思うようになった。繰り返しになるが、分析や意見が一致してそれを称賛されたりすると心地はよい。さらに分析や意見を強固にしてくれるサポーティブな意見を聞くと自信を持てるのだ。だが、確かなデータや知見に基づいた意見を交換していると、見立てが違った方が、結果として得られる結論の精度が高くなることに気づいた。

お互いが有限の時間を使って対話することは、貴重な時間を使うにふさわしいと思っているということだ。つまり、相手の思慮深さや分析力に一目置いているということだし、向こうにとっても同じ。そういう人物に自分の意見を分析し、意見を叩いてもらえるなんて、実はありがたいことなのだ。

日本人のような遠慮をしない、シンガポールに住む人は、自分と異なる意見に対して、「私はそうは思わない」「それは違うんじゃないか」と遠慮なくバッサリと切る。シナリオが狂うことへの不満はあるが、より洗練された新しいシナリオができあがる。

自分も相手も、お互いにリスペクトを持って自由に意見を出し合える環境を作る。それができれば、あなたが率いる組織はメンバーが生き生きと仕事をし、最大のパフォーマンスを発揮できるチームとなるだろう。

ライバルを仲間にする考え方のコツ

ライバルとは競争ではなく共争する

謙虚であることの大事さは繰り返し述べているが、態度だけでなく、思考も謙虚であるべきだ。私にはライバルなんていない。この場合のライバルは、〝競合相手〟という意味だ。そういう排他的な考えをすると、せっかくのやり手を仲間にできない。私は周りの凄い人は全員仲間にすることにしている。うらやましいくらいに凄い人は嫉妬などせずに力を借りるのが一番だ。

やり手に力を貸してもらうにはどうすればいいか。まずはこちらが、手を貸すことだ。相手の目的を達成できるようにネットワークを紹介し、求められたらアドバイスをし、人的にも経済的にも応援する。得られる経済的リターンをシェアしながら、社会にインパクトを与えていく。そうすることで、偉大なる人物とより親密な関係を築き、次なる凄い人を紹介してもらえる循環に入っていく。

こういう考え方を「Inclusive」という。意味は「排他」の反対だが、「巻き込む」というよりも、もっと自分の内側に持ってくるイメージだ。敵なんていない。もし、妨害ばかりする人、無意味な干渉をしてくる人がいたら、嫌われないように上手に距離を置いている。だから、今、私は仲間しかいないような人生を送れている。とてもいい循環だと思う。他人様を応援していると、スキルと運が蓄積されていくと感じられるので、ぜひ実践してほしい。

ソーシャルシンキングで学ぶチームづくり

チームづくりには、海外のインターナショナルスクールで生徒がたたき込まれる「ソーシャルシンキング」が役立つ。文化、宗教、人種をまたいで相手の表情や仕草から相手のその時点での感情を読み取る技法だ。その情報を元に、相手とよりよい人間関係を構築することを目的としている。

目、姿勢、椅子の座り方、手の使い方、足組み、声のトーン、顔色など、人の振る舞いからは、自信や信頼、疑い、怒りなどの感情を読み取れる。これらをビデオや写真で例示させながら先生が生徒たちの意見をもとに議論をして、相手の気持ちの読み取り方を学び、今度は生徒たちが学んだことを活かしてロールプレイをしあう。そして素直にお互いどういう感情だったかを探り学び合うのがその内容だ。

空気が読めるのは日本人の専売特許と思わない方がいい。多様性があり、文化が画一的でない海外に住む子供たちはデータに基づき、感情の読み取り合いを科学的体系的に学んでいる。

私が特に感心するのは、相手の心の内を読む「目的」だ。それは相手を仲間にすることである。そして、相手を上から目線で論破するなど、いかに今後の人生にとって意味がないか教わるのだ。例えば、娘の学校では「君たちは世界の課題を解決するためのスーパーパワーを勉強している」と教わっている。子供はみんなスーパーヒーローが好きなので、そんなことを言われると奮い立って学ぶ。

そしてその次が大事だ。「一人の力では社会は変えられない。みんなで力を合わせよう。そのためのチームの作り方も学ぼう」というのがソーシャルシンキングだと教えられているのだ。アホと戦うためではなく、アホさえも相手の心の中を読み、仲間にするためにその心の中を読む技術を学ぶ。そして、その後は読んだ心に合わせて相手を味方にしていくのだ。

ソーシャルシンキングから学ぶことは多い。まずは、しっかり相手を観察する方法だ。いきがるアホほど、実は心に不安を抱えていることが多い。また、言葉で言うことと表情やしぐさは一致しないこともわかる。ソーシャルシンキングの能力を鍛え、相手の本当の気持ちを分析して、必要としている援助を与えてあげる。それがリーダーにとって必要なスキルとなるだろう。

ゆるくしなやかに生きよう

チンタラいこう

大谷選手が主役だった2021年のメジャーリーグのオールスターゲーム。私が今になって一番印象に残り学びがあったのはスターティングラインアップの紹介シーンだ。30チームもあり、どんどんスター選手が現れる新陳代謝の激しい中、ファン投票で選ばれた両リーグのスーパースターたちが名前を呼ばれ登場するシーンである。

それが、なんともいえないくらいチンタラ出てくるのだ。そこが彼らの鍛え抜かれた身体とギャップがあって印象に残った。最新の動作分析、トレーニング理論、栄養学などで各選手の肉体は鍛えられており、テレビ画面からも体幹の強さが十分感じられた。体幹の強さは背中と臀部《でんぶ》に現れる。肩甲骨がしっかり開き大きな背中と盛り上がった大殿筋《だいでんきん》を持つ。そんな選手たちがなんとも脱力してチンタラ出てくるのだ。日本の高校球児とは真逆の様子だ。

日本のプロ野球解説者がメジャーリーグのキャンプに行っておきまりのように驚くのが「練習がチンタラして短い」という点だ。ここが重要なポイントである。ピシッとして長い練習をしている日本のプロ野球からなぜメジャーで一流になる選手がそんなに多くは生まれていないかである。

これは「ゆっくりはスムーズ、スムーズは速い」をモットーにするアマゾンのジェフ・ベゾス氏にも通じる。メジャーでは試合中もそうだ。ベンチの中はゆったりしていてヒマワリの種やガムを噛んでいる選手ばかり。試合中も多くの選手がガムを噛んでいる。打席や守備位置でガムを膨らませながら構えている。

日本なら「態度が悪い！　ピシッとせんかい」といわれそうだ。日本の高校野球を見ていると気持ちいいほどきびきびしている。全力で守備位置について全力でベンチに帰りベンチでもひっきりなしに大声を出し続けている。高校野球も国際大会でみるがアメリカの選手はたいていチンタラしている。ガムを膨らませヒマワリの種か何かを噛んでいる。でも勝負には勝つのだ。

これは野球だけではない。サッカーでもよく言われている。かつての日本のサッカーはメリハリがなく常に全力で球を追いかける。しかし、南米や欧州の選手は手を抜くときは思いきり抜いて、相手に球を持たせて肝心なところだけ抑える。相手を疲れさせこちらは疲れないように力を蓄えるのだ。

野生動物もそう。チーターもライオンもトラもほとんどの時間はダラダラだ。大事な瞬間のためにエネルギーはとっておく。メリハリが大事なのだ。そしてチンタラしながら徐々に狩りというゲームに慣れていき、勝負所で蓄えたエネルギーを爆発させるのだ。

新しいこともチンタラ始めるといい。ただでさえ新しいことに挑戦するストレスは大きいので、チンタラゆったり始めることだ。何事もスイッチを切り替えるときにストレスが少ないほうがいい。朝のウォーキングもチンタラ、夕方ジムに行ってもチンタラ、そして乗ってきたらそれなりに集中して取り組もう。

私自身、炎天下の高校野球を感動してみていたクチではあるが、今はちょっと心配になる。態度と結果は逆相関だと最近は思う。メリハリのついている人ほど長期で結果を出し続けて健康を保ち感情も安定していて信頼できる。あなたがリーダーになったら急いで結果を出そうとせず「ゆっくりは速い」とジェフ・ベゾス氏の言葉を思い出しながらチンタラやる組織をつくっていこう。

Slow is fast～タイパ追求はかえって成果が低い

「ゆっくりは速い」は最近の私のモットーで、気が逸《はや》るときほど、ゆっくりスローダウンするよう自分に言い聞かせている。実践してみるとわかるが、やはりゆっくりの方がスムーズなのだ。スムーズにやれれば、結果的に早い時間で済む。焦ると、何か忘れたり、落としたり、相手に対して雑になったり怒らせたりしてしまいがちだ。そうした失態に対応していれば、かえって相当な時間と労力のロスになるだろう。何事もゆっくり確認しながら精緻に進めていく方が、かえって早く済ませられることが多いし、相手にもストレスを与えずに済む。

日本に帰国してから、「タイパ」という言葉をよく耳にするようになった。「タイム・パフォーマンス」の略で、動画を倍速で見たり、ショートビデオばかりを見たり、栄養素が何十種も入っていると謳う完全食品のようなもので短時間に食事を済ませたりする人もいるようだ。

英語圏では「タイムパフォーマンス」といった言葉は聞いたことがないので、和製英語なのだろう。英語ではこれに近い言葉として、「タイムコスト」という言葉がある。時間をコストとしてとらえ、時間対効果を重視する考え方に基づいている。私も以前はこのような考え方に取り憑かれ、タイムコストにこだわり、スピード重視で生きていたことがあった。だが、急いで何かをやっても、結局は逆効果であることに気が付いた。

タイムコストにこだわるあまり、雑になっている場合が多く、結果的に成果が低いことが少なくなかった。手早く済ませることによって浮いた時間も、ぼーっと過ごしたり無駄に使ったりしてしまうことが多かったのだ。焦ればストレスを増やし、誰かに当たって人間関係を悪くしてしまう。さらに無理をすれば、自分の心身を壊してしまう。トータルの人生で見れば、焦って生き急ぐことのコストは甚大なのだ。

ゆっくりが一番スムーズで、身体にも相手にもストレスがない。焦ったときは、「Slow is smooth, smooth is fast（ゆっくりはスムーズ、スムーズは速い）」を心の中で唱えてみよう。

期待値をコントロールしよう

コロナ禍が一段落し、日本に帰ってきて思ったことがある。皆お金の話にとらわれすぎているのではないかということだ。他人の年収や資産に必要以上に興味があるように感じる。海外では、そんな質問をあまり受けたことはない。

かくいう私はというと、今は他人の財布に全く関心がない。一緒に投資をするために相手方の資産を推計することはあるが、それはあくまでリスク管理上の問題だ。

かつて、心から敬愛する事業家から学んだ幸せについての話を思い出した。幸せになる秘訣は「期待値コントロール」というのだ。巨大な組織を率いて莫大なお金を動かすこの事業家に、「どんどん事業を拡大して素晴らしいですね」と言ったことがある。その人がなぜそんな勝負ができるのか、その理由は「いつでも原点に返ることができるから」と教えてくれた。曰《いわ》く、人生で一番幸せだったのは奥様と二人で狭いアパートで事業を始めた時。最初はまったくうまくいかず、自分のお金はなくなって、奥様が嫁入りで持ってきた宝石や家具まで質に入れたけれど、自分らの惨めさを笑いあって励ましあって支えてもらって本当に毎日楽しかったと言うのだ。

その後、事業は成功して大きな家に住んだけれど、いつでも最初のアパートに住めるとその事業家は断言した。幸せは、狭いアパートにあるから、今ある資産を失っても大丈夫。低い期待値が、度胸に繋がる。本当に自分を幸せにしてくれるものだけあればいいと思うことで、ここ一番の勝負に平常心で臨めるのだ。

一方的に決めつけず好奇心を持って行動する

日本人はマジメだ。どんな時でも品行方正で、一貫した自分を見せようと気を張っていることが多い。それはそれで美徳であるのだが、堅すぎると私には感じられる。アホの一撃で、心がポキッと折れやすい。故事成語にも「柔能《よ》く剛を制す」とあるように、緩くしなやかな部分があったほうがいい。

シンガポールの人たちの意外な〝緩さ〟に「したたかな強靭《きょうじん》さ」を感じる。近代史において、シンガポールはイギリスや日本に占領され、理不尽な歴史を経験した。その後はマレーシアに見放されるような形で独立。日本以上に資源がない小国・都市国家ながらも、日本以上の豊かさと国際競争力を維持している。

シンガポールに来る前は、時間を惜しんで仕事をする切れ者ばかりがいる国をイメージしていたが、実際には「緩い」感じの人が多い。アポイントにも遅れ気味だが、こちらが遅れても気にする様子もない。

政府の高官や政府系ファンドや地場銀行のトップも気さくでゆるいキャラの人が多いと感じる。他意のない感じで大衆的な場所をミーティングの場所に設定する。短パンとポロシャツで現れ、他愛もない話も気さくにしてくれる。そんなシンガポールのリーダーに感じるのは下記のことだ。

・マウント意識や対抗心がない
・時間にゆるやか
・朝令暮（朝）改
・好奇心旺盛

日本のリーダーにシンガポールの政策や現状を尋ねられ、実態やそれに対する正直な気持ちを話すと「シンガポールがすごいといっても小さいからだよ」「歴史がないからいろいろできるだけだろう」とマウント意識をむき出しにして、対抗心をメラメラと燃やす人がいる。一方、シンガポールのリーダーにはマウント意識をほとんど感じない。数字という結果で判断されるカルチャーなので威張ってもへりくだっても仕方ないのだろう。一方で、日本が好きでリスペクトをしていて、日本のダメそうなところも「日本は歴史がある大国だからなかなか変われないだけでしょう」「たくさんミスしても地力があるから日本は大丈夫」とフォローしてくれる。

それどころか、日本のいいところを好奇心むき出しにして探しだし、さらに学ぼうとしている。その姿勢は日本だけでなく、大国アメリカや、やっかいな関係にある中国、ポテンシャルが無限なインドに対してまで一貫している。一人当たり豊かさが東南アジアで断トツになっても、他国を見下したり、調子に乗ったりしていない。「われわれはまだまだ本当の危機に試されていない小国だから」と危機感を常に持っているのだ。色々試してダメなら考えを変えるのも早い。その考え方もしなやかだ。

厳しい自助社会なので一人ひとりがしたたかにしなやかに強くないと生き抜いていけないこともあるのだろう。周囲の人物や組織を柔軟に評価し、学ぶべき部分は謙虚に学ぶ。

そんなシンガポールの姿勢からは、リーダーに必要な資質を学べる。

ミスを寛大に許す心を持とう

しなやかな心の持ち主は、ミスを寛大に許すことができる。人の上に立つ人間の役割の一つは、部下がしでかした失敗の責任を取ることだ。起こってしまったことはしかたないのだから、感情を一定に保ち、リカバリーに励むのが部下にも自分にも有益だ。

ミスが発生しても心を乱さない方法について、私が一番影響を受けた言葉は「It's not the end of the world」という言葉だ。これは世界のリーダーがよく使う言葉でもある。

われわれ日本人は「この世の終わり」のように、失敗することに対してプレッシャーを受けて育ち、知らない間に同僚や後輩にもそのプレッシャーを与え続けている。しかし、致命的に思える失敗でも、実際にはほとんどたいしたことがない。何か失敗や失態を見られたと思っていても、相手は自分が思うほど気にしていない。いや、見てすらいない。こちらが「穴があったら入りたいほど恥ずかしい」と思うことでも、誰も何とも思っていないことがほとんどだ。

そうやって思うことで、昔はミスが許せないタイプだった私が、最近は全くカリカリしなくなった。私に迷惑がかかるミスを犯した人も笑顔でハグできる。

そうした心持ちで過ごしても、どうしてもミスに怒ることをやめられないのなら、周りにいる人を変えるのが一番てっとり早い。人間は非合理的な生き物で、一緒に時間を過ごす人々に知らない間に深く影響を受け、行動を変化させる。自分を論理的だと信じている人間でも例外ではない。だからこそ、自分が最も時間を過ごす場所を変えるのだ。そうすれば自動的に周りにいる人は変わり、自分も変わることができる。

また、相手は、所詮自分の鏡のようなものだと思うことも大事だ。叱っても、まるで自分を叱っているように虚しくなり、怒ることがなくなる。もちろん、どうしても叱らないと怪我したり他人を傷つけたりしかねない場面もあるが、基本的に叱ることは結局何の解決にもならない。自分が変わると、そこをコピーしてくるので、相手も変わってくる。自分も相手もストレスを感じることなく、環境を整えることができるのだ。

〝猛獣使い〟になって柔軟な組織を作る

私がアドバイザーやボードメンバーを務める会社は、みんな世界的に大成功している。しかしある企業で、最初に会社の中に入って感じたのは社内の人間関係があまりよくないことだった。その企業では、国籍にかかわらず必要な能力を持った人材を採用しているため多国籍だった。組織の中の噂を聞いてみると、常にファイトがある人物ばかり。一方で、人間関係をよくするようなイベントはごく稀。飲み会など年に数回パーティーがあるくらいだ。合宿やトレーニングのような研修は非常に充実しているが、主に個人のスキルをアップすることを目的としている。こんなギスギスした組織で大丈夫かと思うこともあったが、そんな組織は皆凄まじい結果を出し続けている。その結果も、今の日本のビジネスの常識からしたら凄まじいものだ。

そこで私が導き出した仮説が「人間関係をよくすることが組織としての結果には必ずしも繋がらないのではないか」ということ。「組織として結果を出すには人間関係はあまり関係ないのではないか」と思うのだ。

いかに人間関係が良くても結果を出せなければ組織としては問題がある。一方で仲良くしなくても、結果を出し続けていれば周りの人が認めて社内で望ましいコラボレーションが始まるのだ。さらに、各々がプロフェッショナルとして尖っていて、更なるステップアップを望んでいる。それもあって、まず人間関係あってのビジネスにはなっていないように思う。「結果を出せば自然といいチームになる」のが正解だ。

「まさに猛獣の集まり」というのが私の感想だ。そんなメンバーを指揮するオーナーたちは、正真正銘の猛獣使いだと思う。最後は見事にオーナーの方針の下団結するからだ。最初は「なぜもっと組織内を調和させないのだろうか？」と思っていたが、放し飼いで結果を出せるなら、皆にとってそれが一番いいわけだ。彼らの視座がようやくわかるようになってきた。リーダーたる者、人間関係ではなく結果で人材を評価できる度量を持ちたい。

自分を成長させる「投資」をしよう

投資か浪費か価値基準を明確にしよう

リーダーとして思い通りのパフォーマンスを発揮するためには、意思決定の方法を熟知しておく必要がある。人生とは意思決定の連続だ。人生は「時間」や「お金」を何かと交換してつくり上げるゲームなのだ。時間やお金を投下する時にそれが「投資か浪費か」を判断する癖をつけておこう。投資とは「満足感・幸福感がお釣りを連れて帰ってきてくれそうな使い方」のことだ。浪費とは「相応な幸福感・満足感を与えてくれず、使ってしまった時間やお金を取り戻すのが難しい、悔いの残る使い方」だ。そして、自分がこれから行う行動が、投資なのか浪費なのか、基準を明確にしておく必要がある。

そんな投資・浪費の定義を下すためには、以下の二つを意識することが大事だ。金融投資と同じでリターンを事前に正確に読むことは難しいのでざっくりでいい。

・損益分岐点（価値基準）
・評価の時間軸

まずは自分の価値基準と時間軸を養っておくことが肝要だ。時間のかけ方やお金の使い方については、一日の予定内でも目標を定めておく。時間もお金も有限で、ミーティング、食事、買い物などでそれらを交換する場面に何度も遭遇する。その時に、自分の大事な時間やお金を差し出す価値があるのか、つねに考えておくだけで人生が変わる。何度も繰り返していくうちに自分なりに交換対象の本質的価値が見えるようになってくる。

そして、人と会うときもその人の目線で「浪費をさせてはいけない」と思うことが大事だ。そうすれば、準備を入念にするようになり、その場に臨む姿勢も変わる。時間を浪費させない心がけを持つだけで、お互いの人生がよりよいものになり関係も深まる。そのコラボからいいものが生み出せる可能性が高まっていくだろう。

一方で、こうした基準を曖昧にしたままに時間やお金を何気なく交換してしまうと、浪費につながる。何をしたいのかわからないミーティングや会議などお互いにとって浪費に過ぎない。その時間があれば私ならジムでトレーニングしたり読みたい本を読んだり、家族で過ごしたいものだ。

自分の人生を生きていない時や、「みんながいいと言っているもの」「みんなにすごいと思ってもらえるもの」を欲しがる時に、浪費は起こりやすい。こういう自己承認欲求を満たすべき浪費は誰もが経験したことがあるだろう。人生の登竜門ともいえるが、こういう浪費は飽くことがないのでさらなる浪費を生む。浪費は時間がたてば空《むな》しく悔しいもので、後にストレスや苦労の源になる。リーダーたる者は、自分だけでなく部下も含めた関係者の時間やお金を浪費でなく投資に導くことがその役割の一つだ。

たまの浪費が特大のリターンを生むことも

バーゲン価格でも、いやタダでもいらないものもたくさんある。ただ、まれに、人生は面白いもので、投資と思えないような、浪費のような時間やお金の使い方が、思わぬ特大リターンをもたらしてくれることもある。こういうことがたまにあるので人生は飽きない。完璧な法則などない。矛盾しているようだが、余裕がある範囲で、たまに時間やお金を浪費してみるのもありだ。

基本は、損益分岐点と評価の時間軸を意識しながら、「投資」をしていこう。そうして人生でお金や時間を普段から浪費して生きていない人に、ごくたまに浪費的な時間やお金の使い方をすると、お釣りを連れて戻ってきてくれる。「思いがけず、浪費がいい投資になってしまう」理由として、未知の交換対象の本質的価値を計算ミスしていることがある。また評価の時間軸を変えてみると、今は浪費に近い消費でも、将来的に有り余る価値を与えてくれるものもあるからだ。

行動で〝投資〟して徳を積め

立場がある程度上になると、自分が偉いと勘違いし、傲慢な態度をとるようになる人物も多い。雑事は下の者がやることだと思い込み、人をアゴで使い、縦のものを横にもしないようになる。誰かが向けてくれた好意を当たり前のように思い、感謝の言葉すら口にしない。そうしたアホをいなす方法はアホ本で解説したが、反面教師として、自分の糧にするのがリーダーとして人の上に立つ者の作法だ。

リーダーは、人が嫌がることをアホのように他人に押しつけるのではなく、自ら率先して行うべきだ。その理由は、徳を積んでツキを味方にすることにある。

大谷選手がさりげなくグラウンドのゴミを拾ってポケットに入れていることが世界的に知られてきた。彼は、日常生活でさりげない親切を積み重ねているのだ。私も実践している。いやらしい言い方かもしれないが、困っている人がいたら、手を差し伸べて徳を積むチャンスだと思っている。重い荷物に困っていたら手を貸して、ベビーカーで立往生していたらサポート、身障者のグラブドライバーにはチップを、街角での募金には率先して貢献し、ドアを支えて「お先に！」も心がけている。ただ、相手の自立心を無くすような過剰なサポートにはならないよう気をつけているし、こちらが継続できないほどのサポートはしない。

面白いことに、こういうことを繰り返し積み重ねると本当にツキが味方になってくる。いい話がやって来るのだから、不思議だ。どこかで誰かが見てくれているのか、そういう行為の積み重ねが自分の行動や見た目や仕種《しぐさ》の何かを変えているのだろうか。情けは人の為《ため》ならず、とはよく言ったものだ。

もはや一般用語になりつつあるが、仏教用語にも「因果応報」という言葉がある。ちなみに卑怯な態度や汚い言葉でハラスメントを繰り返している人にはカルマが積み上がり悲惨な結末が待っているらしい。アホとは戦わずにアホのカルマを増やしてあげアホに悲惨な結末をプレゼントし、アホにやられている人をさりげなく助け徳を積みハッピーになろう。

他人の成功などに惑わされない、大器晩成のススメ

リーダーとして上を目指していると、他人の成功をうらやましく思ってしまうこともあるだろう。そんなときには「大器晩成」であればいいと心に刻み余裕を持とう。

マリナーズ殿堂入りを果たしたイチロー選手のインタビューをYouTubeで見ていて、感激した。白髪交じりのイチローの話や表情に、メジャーリーグで19年にわたり、様々な経験を経てきた人間の深みが感じられたのだ。

特定の年齢が特にいいわけではないが、社会の荒波を経験してきた人の深みというもの

がある。私もたくさんの失敗をして死にそうな目にあいながらも、なんとか年齢を重ねて、ようやくわかってきた感じがする。

もちろん、老いていればいいというものでもない。狭い世界で固定観念を持って変化に挑戦せずただ単に年老いてきた人の話の中には、老害にしか聞こえないものもある。若くても、強靭な精神力や運命の巡り合わせのようなもので、多くの試練を乗り越えて、言葉や表情に深みのある人もいる。若くして修羅場をくぐるのが必至であるトップのプロスポーツ選手などその典型例であろう。

一方で、身体能力に関係ない世界では、多様な経験を経てじっくり熟成される深みを持つ大器晩成な人たちが多い。歴史には大器晩成型の人がたくさん出てくる。

日本で言えば、徳川家康、北条早雲が有名で、ビジネスの世界では現役として健在なウォーレン・バフェット氏、日本でもフライドチキンで有名なカーネル・サンダース氏、経営学者としてピーター・ドラッカー氏がいる。

徳川家康は6歳から人質生活が始まり、徳川幕府を開いたのは61歳の時だ。北条早雲も55歳までは全く無名の存在だったといわれている。戦国時代の庶民の平均寿命は30歳、武士で42歳といわれていたわけだから驚きの遅咲きである。

バフェット氏が今の資産の大半を築いたのは65歳を超えてからだ。ドラッカー氏の著作の大半は65歳を超えてから書かれている。65歳の時にほぼ破産状態からスタートさせたケンタッキーフライドチキンを世界的に大ヒットさせたのがサンダース氏だ。

大器晩成の良さは人生の最終盤にピークが来るので、自然と長寿になるところである。バフェット氏は２０２２年現在92歳を迎え、ドラッカー氏も95歳まで健在だったし、サンダース氏も90歳で永眠されている。平均寿命が40歳ほどであった戦国時代で、徳川家康は74歳、北条早雲は88歳まで生きた。

人生は長ければいいというものではないかもしれないが、現役生活が長ければ、心身共に健康を保てる時間が長くなるだろうし、達成感や充実感を感じたまま人生を終えることができる可能性が高い。

人生経験が乏しいまま、悪運か強運かわからないが、人生の前半で大きな成功をしてしまうと、あとは下り坂しかない事例が少なくない。経験に裏打ちされた根拠ある実力でなければ、人生の後半まで長い期間にわたり成功を続けることはできない。

一度も戦争に負けなかった早熟の天才のアレクサンダー大王は32歳で病死し、築いたマケドニア大帝国は彼の死後一気に崩壊した。戦争は強かったが、勝ったことしかなく人生経験が足りず、人望が全くなかったといわれる。そんなものである。

多くの若年成功者は、まぐれ当たりのような成功体験に甘やかされ、それを捨てることができず、失速して自滅していく。

一方でなかなか芽が出ないものの、忍耐強く物事に没入し、多くの失敗から学び、修羅場を学校としてきた大器晩成型の人は強い。長期にわたって培った成功法則は時代を超えて効果を発揮して多くの人を幸せにし、同時に自分自身も人生を長く楽しみ、いい思い出を持ってこの世を去ることになる可能性が高い。

リーダーとして結果を出せていない人も、他人の成功などに気を取られないことだ。60歳から徐々に芽を出して100歳で大成するくらいで人生は素晴らしいのではないかと思う。若いころから次世代の芽をつぶして君臨する老害にだけはならないように、わが道を没入しながら進みたい。

人づきあいにも目標を立てる

誰とでも仲良くしようとは決して思わないこと

リーダーとして多数の人と接していると、ある日、理由もなく相手に嫌われていると感じる経験をする人も多いはずだ。実害がないのなら、「気にしない」ことがスマートな対処法であることは、アホ本や本書で繰り返し書いてきた。

基本的には、淡々と結果を出してプライベートを大事にするのがベストだ。人に嫌われてもこの世の終わりではないのだから。

そもそも、どうしても仲良くしないといけないのだろうか。

日本は、人に嫌われることを気にする人がとても多い。これは日本の教育で「みんな仲良く」と教えられ、社員研修でも「家族のように」とか叩き込まれるからだと思う。私も日本生まれ・日本育ちなので、それもよくわかる。

しかし今の私は、多様なビジネスパートナーと仲が悪いわけではないが、仲が良いわけでもない。同じ目的に向かって結果を出すために一緒に頑張っているだけだ。

他人の気持ちはコントロールできない。変えようとするだけムダだ。嫌われることで仕事に明らかに支障があるなら、その事実をはっきり伝えればいい。その結果、改善されるならそれでいいし、改善の見込みがないなら、どちらかが場所を変わるしかない。

仲良くできない自分を責めたり、仲良くするために自分を変えたりする必要はない。自分が自分であることが何より大事である。その実現には、アホがいない自分のコンフォートゾーンをつくることが第一だが、リーダーとしてビジネスを成功に導く過程ではアホとも付き合う必要も出てくるだろう。その時にアホとの付き合いで大事にするのは「仲良く」といった漠然とした目標ではなく、次の3つだ。

・リスペクト
・親切
・楽しむ

アホだろうが何だろうが、他者に対してリスペクトを持つことには意義がある。自分との違いを受け入れ、それを理解し、敬意を持つのだ。

ハラスメントが問題になっている日本社会の根源的問題は、他者へのリスペクトの不足にある。それは、日本社会特有の均質性と、そこから生じる同調圧力から来ている。そんな背景が、違いを受け入れず人を攻撃してしまう傾向を生んでいるように感じる。

これからは国籍や宗教や文化だけでなく、年齢や性別でも多様な人たちが違いを活かして価値を生む社会を創っていかなければならない。

そのためにもリスペクトが必要だ。そしてそれが、アホ対策にもなる。

敵意しか持たないアホも、周りから敬意を持たれれば人間として進歩するかもしれないからだ。

過剰なくらいの親切さでちょうどいい

次は親切さについて説明する。先日、私の大切な友人が、混雑する新橋駅でウイークデーの8時ごろ貧血で倒れたというちょっとした事件があった。にもかかわらず、30分ほどホームに放置され、助けたのは出張で来ていたドイツ人だけだった。友人は腕を骨折していた。

日本は周りへの親切さが足りないように感じる。妊婦さんや障害のある方々には、特に世知辛いと聞く。

アホだろうが誰だろうが、もっと親切にすべきだと思うのだ。周りの目を気にせず行動を起こすには、必要以上に親切にするくらいの意識でちょうどいいだろう。

本当は親切心を持っているはずなのに、それを行動に移せない人も多いだろう。その背景にも日本社会特有の同調圧力がある。「皆が見ている前で助けるのは恥ずかしい」とか、「何があっても会社に遅れてはならない」というような考え方だ。

これを打ち破るには、必要以上の親切心を持つしかない。これはアホ対策としても有効だ。

人生にとって最も大切なのは「時間」

最後に、何より人生を楽しむことを心がけよう。今の日本人は、同調・規律を保つために生きているのではないかと思うことがある。「そんなことでは死ぬときに後悔するよ」と心から忠告したい。

人生に意味があるかどうかはわからないが、私はそれを探す気はない。一つ確実に言えるのは、死ぬ瞬間に何を想うかを常に念頭に置いて私は生きているということだ。持っていけるのは思い出だけ。お金も家も名誉も何も持っていけない。

そういう意味で人生はとてもフェアなのだ。どんなお金持ちも権力者も詐欺師も殺人鬼も死ぬ瞬間はとても正直になると思う。

人生で最も大事な資産は時間だ。時間は平等であると同時におカネでは買えない。

その時間を最も有効活用するには、常にハッピーであることだ。あるいは、ハッピーであるように振る舞うことを心がけることだ。それが他者への態度であるべきだと私は思う。

自分のハッピーさを他者に押し付けるのではなく、自分がハッピーであればそれは周りに伝わる。前述のリスペクトも親切さも、自分がハッピーでないと自然と生まれてはこない。

漠然と「仲良くすること」よりも「リスペクト」「親切」「楽しむ」という心がけを具体

的に周りに対して持つことをお勧めしたい。これを皆がシェアしていけばアホが減っていくように思う。その中心には「自分の人生を大切に生きること」があるべきだ。「リスペクト」「親切」「楽しむ」を心がけることで、気を乱されることなく、自分の人生を生きることができる。そんな人の周りにこそ、いい人材は集まってくるはずだ。

第5章

アホは世界からいなくなるのか

目的に向けて精一杯生きれば〝アホ〟は消える

〝余裕〟が日本人をアホにする

最近アホに囲まれていないことに気づいた。アメリカにもシンガポールにもヨーロッパにもアホがあまりいない。もちろんゼロではないが、日本に比べると遥かに少ない。基本的に、非日本人は他人にあんまり関心がないからだ。裏を返せば「日本人ほど他人に関心がある人種は他にいない」と思う。それはなぜか？　簡単に言ってしまえば、「日本人は暇」なのだ。恐らく、日本人は「忙しいふりをして、手を抜いていても何とかなる余裕が〝今のところ〟ある」からだろう。ある意味では、それがまかり通るいい社会なのだ。そんな日本人は、「少しでも給料を上げたい」「資産を増やしたい」「いい仕事に移りたい」

という上昇志向をあまり持たない。もし本当にそう思ったのなら、無駄に他人に絡んだり、干渉したりする暇はないはずだ。

先進国から新興国まで、世界の人たちは自分の人生を生きるのに精一杯だ。他人のことを気にしたり、他人に無駄に絡んだりする余裕などない。全力で目の前の仕事を頑張って次のチャンスをつかもうとしている。自分の人生を精一杯生きているから、利用できるものは猫の手でも利用しようとなる。そうなれば、うまくいっている人の足を引っ張るなんてとんでもないことだと自ずとわかる。うまくいっている人はそのままの形で利用する対象である。成功している人はうまく称えて、仲間になって、おすそ分けをもらったり、力を借りたりして一緒にさらに成功する方がよほど自分の人生にプラスであることは明らかだ。

余裕があると同時に、日本人の多くは自分の人生の目的を考えたこともないのかもしれない。人生の目的を自分で問う間もなく、受験戦争にぶち込まれ、就職戦線に移行し、企業に入れば、本当に自分の人生に意味があるのかわからない仕事や残業や付き合いに忙殺され、人生は過ぎていく。

人生の目標を自分に問い質《ただ》すことなく、しかも暇であるために、他人に干渉してしまう。突き詰めれば、アホといえども日本社会のかわいそうな被害者である。しかしながら、日本の人口減少、高齢化、新興国の猛烈なキャッチアップを考えれば、これから日本社会もますます余裕がなくなるので、アホは減ってくるだろう。あるいは、逆に猛烈な椅子取りゲームとなってくるので、そこで足を引っ張るアホ多発となるかもしれないが……。

鳥取県から東京にあこがれて出てきた私は、当時「東京砂漠」と友人たちから脅されたことを今でも覚えている。東京の人はドライで、ウエットな関係はなかなかないという意味だ。ところがシンガポールを拠点に世界中を飛び回る今、東京のイメージは砂漠というより、熱帯雨林のようなジメジメしたウエットな感じがする。海外の方がよほどドライというか、他人に本当に干渉しない。これは今の私にはずっと楽だ。

だからといって誰もが海外に飛び出すのは難しい。もし、あなたがアホに悩まされたときは、自分の本当の目的は何か考え、それを実現することのみに集中しよう。その瞬間、あなたの人生からはアホは消えていなくなっているはずだ。

目的を見つけるためにはコンフォートゾーンから脱する

それでは、どのように目的を持てばいいのか。私が持つようになったのは、このままでは死ぬときに絶対いい思い出を持って死ねないなと実感したことがきっかけだ。そこで「自分の人生を生きよう」と自分と向き合うようになった。

私は今シンガポールにいるが、周りには自分の人生を必死に生きている人が多くいる。そんな環境にも影響されて、時間があれば素の自分になって自らと向き合い、「本当に今の仕事の本質は自分のやりたいことか？」を自問している。

もちろんどんな仕事でもつらいことが多いものだが、そうやって常に自分自身と向き合っていれば、苦しくても頑張れる。目標に集中していれば、アホと戦う時間の余裕もないし、そういうアホも味方にできるくらいの自分ができあがっていく。

自分と向き合い、自分で見つけた人生の目的に沿って生きていれば、必ず「やりたくない」仕事に出会う。大目標の過程のようなものだ。

そういうものは、「乗り越えないと先にいけない」「目的にたどりつけない」ステップだと思って取り組めばいいと思う。

それでも、どうしても「自分には目的のようなものが見つからない」という方もいるかもしれない。そんなときにオススメするのは、自らを「コンフォートゾーン」から追い出すことだ。快適な居場所から出ないと人間は成長しない。いつまでも甘やかされてしまい、チャレンジをしなくなるからだ。

自分にとって、現在の環境が惰性になっていると感じたら、自分にとってのコンフォートゾーンをよく観察して、「なんとか頑張れそうだな」と思える限界の環境に自分を持っていこう。そこでチャレンジをして失敗もするかもしれないが、必ず成長できる。そして、いつしかアホが気にならなくなる瞬間が、きっと来るはずだ。

適度な判断軸を持って、コンフォートゾーンを出よう。注意しておきたいのは、自分のコンフォートゾーンをよく理解せず、やみくもに飛び出してしまうことだ。あまりに厳しい環境に身を置いてしまうと、今度は自分のメンタルが壊れてしまう。死ぬときに持っていけるのは思い出だけ。迷ったときは、その気持ちを逆算して今を生きるのだ。

自分を律することが実はいちばん楽な道

私は自他共に認めるナマケモノである。最短距離、最低限努力で、成果を出したいと常に思っている。その私が行き着いたのは「自分を律すること」である。

自分を律すると聞くとストイックに聞こえるかもしれない。生まれつきストイックな人もいらっしゃるだろう。でも実はそういう人々の中には私と同じで、そもそもナマケモノだったのが、一番楽な道を探ったら「自分を律すること」に行き着いたという方もいらっしゃると思う。

まずは早寝早起き。永田町時代は、今では理解できないが、午前様が当たり前だった。今の永田町はだいぶ変わっただろうが、私の時代は、いわゆる3階建て、1日に夕食のアポが時間差で三件が普通で、夜お酒が入らないと本音の議論にはなりにくかった。

今は〝本音で結論を出すミーティング〟は朝ごはんの場である。朝ごはん、遅くてもランチまでが重要な意思決定を伴うミーティングの時間となる。熱帯なので早朝が最も気持ちのいい時間帯だからだろう。お互い気持ちいい時間に出会うと、お互いにとって成果のあるミーティングになりやすい。当たり前だが、朝ごはんにアルコールは入らないし、食事代も夕食代に比べて大幅に安上がりになる。健康にも良くて家計にも優しい。リフレッシュして朝ごはんに向かうために、朝ご飯の前は必ずジムでトレーニングする。大きな筋肉を適度に動かした後は血流もよくなり、脳の調子もよく、いい回転をしてくれる。

朝に大事なミーティングが入ると逆算して早寝になる。早く寝入るには晩御飯をあまり食べない方が、胃がもたれず、望ましい。朝から運動しているので適度な疲労感があることも質の高い睡眠に繋がる。

このように「早寝早起きで早朝からジム通い」というと、相当ストイックな印象を与えるが、最も楽にいい成果を求めようとするとこうなるだけなのだ。全然気負いもない。

お金の使い方もそう。「楽に入ったお金」をさらに欲を出して増やそうと、リスク計算を怠り、甘い投資を繰り返し、少なくない金額を失ったこともあった。コロナ禍で、雪だるま式にお金がなくなっていく経験もしてシャレにならないくらい肝を冷やした。

お金の感覚を失い分不相応な贅沢もしてみたこともある。それはそれで本物を知る心地よい経験だったが、本質的に長時間自分を満たしてくれるほどでもなかった。既に記したが、投資と浪費を分けて、自分を律しながらお金を使うのが自分には合っている。

成功した後も、自分を律している。いい結果が出たらうかれることなく、その後始末をきちんとやらないと連続して結果を出せない。「成功した。やったー！」で終わらせてしまうのが、典型的なナマケモノの特徴である。

自分を律しないで一見楽な道を行くと、お金がなくなったり、信用を落としたり、健康を損なって大病して時間をなくしたり、結局苦しい道を行くことになるのだ。最低限で最短距離で成果を出したいなら、結局楽に見える道を行ってはいけない。これは立派なのではなく、当たり前のことだ。

楽に生きたいなら、結局自分を律することを心からオススメしたい。そうすれば色々と本当に楽になっていく。ナマケモノこそ、自分を律していこう。そして、自分がアホになる芽を摘んでいこう。

有害な〝アホ〟から身を守る「モビリティ」のススメ

モビリティで社内のアホから身を守る

アホとかかわる時間を究極に減らすためには、モビリティを持つことを強くお勧めする。あなたがその場から動けないことが、アホとの関係を絶てない唯一の理由であることが多いからだ。アホをスルーするため、アホから逃げるため、その場を立ち去るオプションを持つのだ。

そのためには目の前のことにしっかり集中して、結果を出すことだ。そして、それを、カギを握る人物にきちんと評価してもらわなくてはならない。仕事のパートナーの選択権やチームの編成権を持っている上司に「この人の言うことをまず聞こう」と思わせよう。

アホが関わってきたときも「この人に結果を出してもらわないと困るからアイツからブロックしてあげよう」となる。

最悪のシナリオは、その権利を持つ人たちがアホだった場合である。もちろん結果を出し続けることで彼らを翻意させることができるかもしれない。しかし、大きな組織になれば、その部署での個人の貢献くらい握りつぶせる場合がある。実際の評価をすることなく、人の好き嫌いや社内のいじめを優先させるアホ上司がまだいるのだ。

この場合はその組織を飛び出す覚悟が必要だと思う。理不尽なことを我慢して「安定」を買うのも一理あるが、ストレスや不幸をため込んでまで人生の最大の財産である「時間」をこんな連中に売り渡すことが、長い目でみて正解であろうか。

日本社会はこれから急速に変わっていく。サラリーマンという職業がなくなるわけではないし、多くの大企業は安定した雇用先として存在し続けるだろう。しかし、東芝の不正会計の件にもあるように、大企業の経営が急に揺らぐ事例は、今より頻発してくるだろう。大企業において長期雇用は保証される期間が全体的に短くなり、本当に保証される人数も絞られてくるはずだ。そして長期雇用の勝ち組になっても、引退後すぐに年金等の社会保障に与《あずか》れるとも、それが死ぬまで面倒を見てくれるとも限らない。

日本の国家財政はこれから急速に悪化していき、われわれ国民に牙をむき出しにしてくるだろう。大企業にいてもいつかは放り出され、社会保障のプロテクションも脆弱《ぜいじゃく》になる。となると、われわれの人生では「起業家になること」がどこかの時点で義務付けられていると言っても過言ではない。会社に通っている限り給料が振り込まれるという時代はいずれどこかで終わるのだ。自分で仕事をつくり出していく起業家精神が、これからは当たり前に国民全員に必要になってくる。

だから比較的若いうちから外に飛び出して、自分で仕事をつくっていく訓練をしておくことが大事となる。力のあるアホに囲まれたら、〝とにかく飛び出せ〟といっているのではなく、いざという時のために準備しておけということだ。そういう準備をしている迫力は背中からアホに伝わっていき、アホの行動に変化を与えるかもしれない。そして、いつしかアホはあなたと距離を置くはずだ。

アホに苦しむ人を外国から救える可能性

アホの多い日本を変えたい。そんな高い志を持っているのなら、海外へと飛び出してみることもひとつの案だ。外から日本を変えるチャンスがあるからだ。「日本がダメだ」とか「日本を変える」とか言っている時間と労力が無駄なのである。

日本社会は膠着して、若い人への好機が少ないが、世界にはチャンスだらけ。シンガポールをはじめ、若くて、新しいアイデアやテクノロジーを歓迎する舞台がたくさんある。そうした国なら、同じ志を持った多くの人と助け合える。そこにはアホがおらず、新しい物をつくり出せるだろう。「日本を変える」という目標を頻繁に口にすれば、権力者と仲良くなり、優遇してもらえるかもしれない。投資家目線で言わせてもらえば、起業家は使えるものは何でも使うべきだとも思う。利用できる権力や機会は使えばいい。もちろん、「日本を変える」という初心は忘れてはならない。

そうして、成功したら、日本の権力者や経営者とパイプを繋ぎ、日本を変える圧力をかける。日本は外圧に弱く、逆輸入も好きな国なので、それが日本を変える原動力になる。若くて優秀な起業家が、肩の力を抜いて日本から海を渡り世界を目指す姿が、日本を変えてくれるかもしれないと考えている。

転職、出戻りが当たり前の世の中に

大学で3年ぶりにリアルで再開されるアジア地政学プログラムの第20期の打ち合わせに参加した。充実した打ち合わせができて、その場を去ろうとしたら3年間辛抱強くアシスタントをやってくれた方が、「すみません。これで最後のプログラム運営になります。私は今月末で辞める予定でしたが、区切りの20期をサポートしてから辞めます」と言う。心から驚くことはなかったが、ショックは受けた。考えてみると、彼女で4人目のアシスタントだ。皆平均して2~3年で職場を去る。アジアナンバーワンの大学、しかも国立大学だが、スタッフは3年ほどで皆次の職場に移る。講師陣を見てみても、入れ替わりが激しい。気が付くと一番の古株だ。学長も副学長も私より新しい。

彼女は20期アジア地政学プログラムのサポートが終わったら一か月ほど休みを取って旅に出て、そこから職探しをするという。待遇は満足しているという彼女が別の道を選んだ理由は次のとおりだ。

「一番は私をエキサイトさせてくれるかどうかです。待遇も大事ですが、夢中になれるような仕事をしたいです」

アジア地政学プログラムでは多くの素晴らしい講師陣の話を役得で無料で聞けて大いなる刺激と学びがあったという彼女だが、一方で、同じことに慣れてしまって飽きてしまったそうだ。

飽きてしまったら、次にすぐ動き出せる。それがシンガポールの強さだ。その結果、職場の風通しがよくなり、パワハラやセクハラが発生しない。なぜなら、モビリティが高いため、〝我慢〟をする必要がないからだ。告発をして嫌がらせを受けても、すぐに転職すればいい。

忖度《そんたく》なく、「王様は裸ですよ！」と告発できる社会にするためには、なんといってもモビリティを高くすることだと思う。

さらに、彼女は言う。

「出戻りもいますよ。教授でもスタッフでも。そういう人は外の飯を食べて付加価値をつけて戦力になります」

転職や出戻りが当たり前のシンガポールでは、アホを容易に告発することができる。日本にそのモビリティがあれば、アホはきっと鳴りを潜めるはずだ。

痛みと悔しさがあなたを進化させる

〝攻め〟の失敗を人生の糧にする

人間の想像力には限界がある。思い通りにいかないのが人生だが、理想から外れた時にこそ、実はそれが想像よりいい道を示唆していることがある。オリジナルのプランに執着しないことが大切だ。

失敗が偶然の成功をもたらしてくれる、これこそが人類の歴史である。思い通りにいかない時にこそ、これはラッキーかもしれないとプランを見直すことだ。ただし、あくまで「攻めの失敗」であることが重要だ。「逃げの失敗」は大失敗にしかならない。なぜなら「攻めの失敗」は悔しくて失敗を見直すことにつながるが、「逃げの失敗」はさらなる〝逃げ〟しか生まないからだ。

パンデミック下で思い出すのは細菌を溶解する酵素・リゾチームと人類最初の抗生剤であるペニシリンの誕生秘話である。いずれも発見者は、アレクサンダー・フレミング博士。リゾチームとペニシリンは、フレミング博士の二度の偶然による〝失敗〟から生まれた。リゾチーム発見の発端は、フレミング博士が細菌の入ったペトリ皿にくしゃみをして鼻水を落としたことだ。鼻水がついた場所のみ細菌のコロニーが死滅していたのだ。そこから、リゾチーム酵素を突き止めた。

ペニシリンは、博士のズボラさが発見のきっかけだった。ブドウ球菌培養中に実験道具を放置して、博士は家族旅行に出かけてしまう。その間にブドウ球菌の皿にアオカビの胞子が入り込み、その周りのブドウ球菌が溶けていたのだ。アオカビの中に抗菌物質が含まれることが発見された瞬間だ。ペニシリンの語源であるペニシリウムはアオカビの属名である。「くしゃみ」と「家族旅行」が人類を救った大発明をもたらしたのだ。

世界最大の交流サイト「フェイスブック」も壮大な構想から生まれたものというより、ハーバード大学内で「同性同士の写真を並べどちらがイケてるかを学生が投票するサイト」から生まれたことは映画にもなっており多くの人が知るところだ。この件でマーク・

ザッカーバーグ氏は大学から謹慎処分を受けたが、そこから学んでフェイスブックが生まれた。

同様に失敗から生まれた画期的な発明は、枚挙に暇《いとま》がない。最新テクノロジーは偶然の産物だらけだ。いや、人類の発展の歴史にはこんな話しかないといっていい。革新的な開発者は失敗の定義を変えている。人間の想像力は限界があるのだから最初のプランに執着することがいかに革新にならないかおわかりだろう。大事なのは次のことだ。

・常にやりながらピボットすること
・最初のプランは柔軟にすること
・失敗作もよく観察すること

そして、考えすぎずまずは行動を起こすことをオススメしたい。

計画しない人生が成功につながる

失敗から生まれる成功があれば、無計画から生まれる成功もある。

世界的なホテルチェーンであるアマンリゾーツの創設者エイドリアン・ゼッカ氏は、もともとジャーナリストだった。ゼッカ氏からその転身秘話を聞いた私は、腰を抜かすほど驚いた。

後に世界のメディア王になるルパート・マードック氏とメディアビジネスで一儲けしたゼッカ氏は、2年間ほど全く働かずスキー三昧を楽しんでいた。ある夏、香港での滞在時に、大学時代のクラスメイトでマリオットホテル創業者の子息から電話がかかってきたそうだ。そして、アジアでのホテル展開の手助けを求められた。「僕はホテルビジネスなんて全然知らないんだけど」と断りかけたが、真摯なオファーに心を動かされ、たちまち5つのチェーンを創設して成功する。そして、ホテル事業を始めて17年たったところで都市型の大型ホテルのマネジメントに飽きたゼッカ氏は、アクセスが悪いアジアのド田舎に50室以下のホテルを作りたいと思うようになる。周囲からは「そんなものうまくいくわけない」と言われたが、1988年に最初のアマンホテルとなる「アマンプリ」をタイのプーケットで開始するとすぐに大盛況。アマンホテルは世界中で展開され、ゼッカ氏はアマンリゾーツの創設者としてホテル業界で伝説の存在となった。

タイム誌の東京支局長として日本駐在経験もあるジャーナリストのゼッカ氏は、いかにしてホテル王となったのか。本人に聞くと「この道しかないと決めないことが楽しい人生を送るコツ」と教えてくれた。曰く「ある意味、計画しない人生がいいと思う。もちろん全く計画がないほうがいいとは思わないけど。チャンスが来たら簡単にＮＯと言わず、この道は自分では考えてもいなかったけどこの道も悪くないかも、という姿勢だよ」だそうだ。

ゼッカ氏は自然体で、まさに波に任せるようにホテル業界へと我が身を放り込んだ。その話を聞いてから、行き当たりばったりで常に反省し、計画を立てようと考え直していた自分の人生を認めてもらえたようでうれしかった。アホとの付き合い方にも応用できるだろう。どうしても付き合いきれないアホがいたら、考えてもみなかった人生の選択肢を選んででも決別するという手がある。そこに思いもよらない成功があるかもしれない。

アホを生み出す完璧主義を捨てよう

日本にはびこる間違った完璧主義

日本人の多くは、お互いに完璧を求めすぎだ。「時間」や「ぶれなさ」をはじめ、様々なことに対して完璧でいようとする。

それなのに、〝完璧〟の方向性が間違っているから厄介だ。例えば、「時間」の使い方。日本人はアポイントの時間を非常に気にするのに、時間の使い方はルーズで、他人の時間をなんとも思っていない。日本人が大切にする「一貫性」についても、誤解されている。この激変の時代、時には「朝令暮改」というより「朝令朝改」が必要な時もあることに気づいていない。さらに、労働者に対しても、世界的に見れば非常に安い時給で人をこき使いながら、「情熱」とか「態度」などの非数値的根拠で評価し、付加価値を生み出すことにつながらない完璧さを求めているのだ。だから、やたら労働時間がかかる割に生産性は低く、賃金も増えない。

こうした誤った完璧さが成立したのは、日本に「同調圧力」があるからだ。世界に類を見ない独自性は長所として世界に通用していたが、これからの多様性が求められる時代には強烈な短所になってくると思う。

かくいう私も同じような価値観を持っていたが、日本にいる時間がかなり減って変わることができた。寛容さとリスペクトを身につけたのだ。

私には組織ごとにスケジュールやアポイント調整をしてくれるスタッフがいるが、忙しい時にも誰でも躊躇《ちゅうちょ》無く休暇を取ってもらっている。レストランやデリバリーでも、注文の間違いは当たり前。最初はそこで怒ったりしていたが、そんなことは何の解決にもならないどころか、怒り方を間違えたら訴訟になりかねない。そもそも怒っても変わらないし、相手の機嫌を損ねて敵を作るだけだし、何より時間が失われてしまうことに気づいた。チキンライスがダッククライスになっても、かつ丼が親子丼になっても、来たものをサンキューといって食べた方が時間効率としていいという結論になったのだ。

どうしても一言伝えたかったら、帰りに「本当はチキンライスを頼んだんだけどダックライスもおいしかった。気にしないで。でも次はチキンライス食べたいな」と相手の機嫌を損ねない程度に意向を伝えている。スケジュール調整なども、怒って嫌われるより、自分でやった方がいい。

一方で、海外の生活は相手も完璧を求めてこないため、全てはおあいこさま。慣れれば楽だ。私も時間を間違えたり、メールを読み違えたりなどしょっちゅうあるが、責められることはまずない。「そんなもんですよ」と言って皆笑ってくれる。

今後、海外に限ったことではなく、日本国内もこうなっていくと私は予測している。日本という場所が再び輝きや豊かさを取り戻すには、「リスペクト」と「寛容さ」が必要だと痛感する。それは、「違い」に対するリスペクトと寛容さだ。

日本が再び輝くためには社会に多様性を増やしながら、それを活かしていくことが不可欠だと思う。アホをこの世から絶滅させるために、寛容になろう。人は一人ひとり違って当たり前なのだ。

禍福は糾える縄の如し

「禍福は糾《あざな》える縄の如し」とは、『史記』南越伝《なんえつでん》にある言葉で「この世の幸不幸は交互に絡み合い、裏表をなしている」という意味だ。

心に響いた親友のアドバイスだ。私が一番つらい時に多忙な友人がわざわざ私をドライブに連れて行ってくれ海を見ながら車内でこの言葉をくれた。当時の自分は最悪の状態で「自分以上にひどい状態にある人がいない」と心の底から思っていた。博識で深謀遠慮ある彼が、長い沈黙の後、選んで私にくれたこの言葉は即効的ではなかったがじんわりと今でも心に染みわたり続けている。

ギリシアではそれを「オクシモロン」といい、中国では「陰陽」という。幸・不幸、美・醜、成功・失敗、正義・悪、成長・衰退等々、すべてが同時にあらゆるものに存在しているのだ。昨日シンガポールの象徴と言われるホテルで友人とこれから始まるワクワクするプログラムの打ち合わせをしていた時、ふとコーヒーをすすりながら「あれ？　なんで俺はこんなところでこんなことをしているのだろう」と思い、ものすごいスピードで過去を振り返った。禍福は糾える縄の如し。

自分の身に起こったことの大半は自分の決断からきている。いろんな決断をして様々な目にあった。未熟で甘い決断が多かった。今でもそうだ。しかし、今思い返してみると、当時「思い出したくもない」「関係者全員を呪いたい」「自分もあの人も死ぬまで許せない」と思っていたイベントが、今になって、評価の時間軸を変えてみると、「ありがたい」「目を見開かせ、考えを変えさせてくれた」ものであると感謝したくなる。

時がたてば、自分の身に起こったイベントの意義というか評価が変わる。自分の決断の評価も変わる。最高の決断もなければ最悪の決断もない。ラッキーも不幸も同時にあり、同時に無い。どの時間軸で何を評価するかで何とでも評価できるのだ。

すべては自分の心次第ともいえるのかもしれない。幸せの絶頂で悦びに浸ることも大事だし、不幸や失敗のさなかに辛酸をなめるのも必要だ。しかし、ずっとそこにいてはいけないと思う。禍福は同時に存在し、同時に存在しないのだろう。１３８億年前に生まれた宇宙の藻屑《もくず》が92億年かけて地球になり、そこから46億年かけて私になり、どんなに権力やお金があろうが、サイエンスが発展しようが、フェアにわれわれはやがて宇宙の藻屑と消えていく。それは素晴らしいことであり、それはそれだけのことでもある。そしてすべては自分の心次第である。

この世界でしたたかに生きるということ

アホの成功をも利用する

アホに悩まされている人は、その自由さをうらやましく思い、自分の正直さを疎ましく思う時期があるかもしれない。この世の中は、優しい人が損をしてしまう世界なのだろうか。そんなことはないと私は思う。

残念ながら、アホという存在が消えることはないだろう。むしろ、世の中が窮屈になればなるほど増えていくかもしれない。

そんななかで、一つ言えるのは、アホと戦う人には大損失しかないということだ。アホと戦わないためにできることがあるとすれば、逆説的だが自分に集中すること。それは本書で何度も伝えている通りだ。

私の主張のベースには「自分に集中する生き方にしよう」という〝生き方改革〟がある。どうみても勝てないアホや、戦う価値のないアホとの戦いを避けることは、最高の価値がある行動だ。それを「みじめ」「負けた」と思う時点で、実は無駄なエネルギーを使ってしまっていて、自分に集中できなくなっている状況だ。

「戦わないで勝つことが最善」と孫子も言っているが、誰も傷つけないで目的を達成できるのが最高だ。気分をスカッとさせたいとか、勧善懲悪をなしたいといった思いは余計とも言えるだろう。

アホがアホなことをしていても、あなたの人生にダメージを与えない限り、基本的には放っておこう。時には、うまくいけば祝福でもしてあげて、そしてあなた側の応援団にするのがいい。アホが成功したっていい。あなたもその成功をうまく使えばいいのだ。

人によっては、世の中をよくしたいと願うことがあるかもしれない。しかし、あえて極端な言い方をすれば、多くの人にとってそれは知ったことではない。それは政治や宗教で解決を目指すようなテーマだ。

「こういう世界にしたい」といったそんな大きなテーマまで考えると、自分の人生の焦点がぼけてしまう。ただ、「自分に集中する」という生き方改革が世界に広まれば、無駄な苦しみが減って、いい世の中になるとは考えている。多くのアホは、暇だったり余計な雑念にとらわれていたりしているからこそ、アホなことをしているからだ。そんな彼らが自分の目的に集中してくれれば、周辺にいる人も巻き込まれずに済む。

また、アホがアホに見えるのはあなたのバリュージャッジメント（価値判断）であって、案外に彼らも苦労しているかもしれない。そんな想像力を働かせ、彼らの欲することがわかれば与えて、自分の味方に取り込もう。こうした発想は、いわゆる〝優しさ〟とは違う。アホを籠絡し、自分の味方にするしたたかさだ。虫から動物まで、生き残るのはしたたかなやつだけだ。あなたが無条件に「優しい人でありたい」と思うのであれば、したたかな勝者になってから優しくすればいい。逆説的だが、生存戦略としてのしたたかさがなければ、そういう優しさは淘汰されていくのかもしれない。

優しく弱そうに自分を見せることで生き抜いていくのもしたたかさだ。確かに、そういう同情を買うのがうまい人もいる。

自分の人生の目的を果たすことを第一に考え、アホがいたら離れること、あるいは、接触して取り込むことのメリット・デメリットを冷静に判断しよう。そして、したたかに行動しよう。

関係性としてのアホを減らす

職場でピリピリして八つ当たりしてくるアホは、徹底的にやり過ごせばいい。しかし、家庭や親類関係などでいきり立つアホがいたらどうすればいいのだろうか。多少は思うことがあっても、その場では共感してストレスを受け流すというしたたかな戦略をとればいい。

私も昔は八つ当たりのようなことをしたことがあった。しかし、不機嫌を人にぶつけても、筋肉は凝るし血圧にも影響が出るし、病気になりそうでいいことは全くなかった。怒って毒を吐いても、人間としての品性の低下を見せるだけだったのだ。

その後、嫌なことがあっても淡々と受け流すことに決めた。それによって徳を積めるし、人間的な魅力も増すということにも気がついた。

そんな私の経験からお願いしたいのは、逃げ場のない場所でピリピリと八つ当たりを受けたら、真正面から対峙せず、大らかに受け止めてみることだ。

残念なことに、日本は〝ピリピリ国家〟だ。私は今シンガポールに住んでいるが、日本に帰ってくるたびに街中の人からピリピリとした空気を感じる。それだけ余裕を持てない中で暮らしている方が多いのだろう。

厄介なことにこうした空気は伝染する。ピリピリした人にこちらも同じ態度で返しているとその〝ピリピリ〟が空間の中で拡大するのだ。同じ空間の中に不機嫌な人がいることの影響力はそれほど大きい。

それでは、ピリピリのまっただ中に自分が置かれたらどうすればいいだろうか。ピリピリの原因なんて、ほとんどが些細なことだ。伝染や拡大を阻止するには、「ピリピリしないで」などと言ってしまうと逆効果。こちらがゆったり構えて、「そんなこと世界の終わりじゃないんだから」という〝雰囲気〟で受け止めるのがコツだ。そうすると、相手から発せられる嫌な空気はそこで止まり、相手も「なんかくだらないことにとらわれていたのかも」と思い直すだろう。

気をつけなくてはならないのが、決して説教調で言ってはいけないということ。相手には相手の事情があるし、あなた自身に非がある可能性もある。だからこそ、あなたからその言葉が発せられると、相手に火をつけてしまう恐れがある。「世界の終わりじゃない」

といったセリフは一言も言わずに、そういった佇まいでニコニコふんわりと受け止めてあげよう。相手がよほど間違った道を歩もうとしている場合でないのなら、相手の意見を受け入れてふんふんと聞いて、そして認めてあげよう。

こうした振る舞いを自然にできることこそ、相手への心からの好意が根底にあるという証拠の一つになるのかもしれない。お互いにこのような関係を築いていければ、その空間はさらに居心地の良いものに自然となっていく。

ただ、そういう気持ちが自然と持てないなら、一緒にいない方がお互いのためかもしれない。あまりに不満をぶつけられることが重なり、我慢の限界が試されるようなときは、いったん距離を置いて関係性を冷静に見直す必要がある。

アホとは正面から対立してはいけない。時には褒めて、寛容さとリスペクトを持って共感し、適度な距離感を保つことで、共存できるアホもいる。そうやってアホを取り込めば、アホなどいないも同然だ。

脇目も振らず学び続けることができるか

暇な人間によって発生する「知の爆発」

時代はゆっくりだが確実に変わっている。アマゾンの創業者ジェフ・ベゾス氏が好む格言「ゆっくりはスムーズ、スムーズは速い」のように。変化は日々感じられないくらいゆっくりだが確実に起こっていて、だから気づきにくいが気づくのが遅れると致命的だ。

今は21世紀版「知の爆発」が起こっている。「知の爆発」とは紀元前500年前後に、人類史を代表する叡智《えいち》であるソクラテスや孔子、ブッダらが揃って生まれたことを指す。なぜこれらの大人物が同時期に違う地域で誕生したのか。その時代背景には、鉄器の普及と地球の温暖化が重なったことがある。当時の人類の主要産業は農業。その生産性が、鉄器と温暖化で加速度的に高まったことで、「豊かで暇な人」が多く出てきたことが「知の爆発」につながった。

今の時代もＡＩやロボット、金融資本主義のおかげで、人類の生産性は高まり、豊かで時間を持て余す人が世界中にあふれている。多様な経験を経たそれらの人は今までの人生観や社会に対して大いに疑念を持ち、果敢に知的な挑戦をしている。おまけにそれらの人々がネットでつながり、様々な新しい思想や知恵を切磋琢磨させ、これからの人類の在り方や人間としての生き方について様々な示唆をシェアしてくれている。後に、この時代に「知の爆発」が起こったと語り継がれることだろう。

コロナ禍で従来の権威が失墜し世界は急変革

知の爆発に加えて、ルネッサンスも起こっている。ルネッサンスとは、14世紀ごろに欧州で始まった、それまでのキリスト教に規定された生き方を人間中心に回帰させる動きのことだ。そのきっかけになったのが疫病の大流行と権威の失墜にある。当時の欧州は、黒死病でその人口のおよそ3分の1を失ったといわれる。黒死病を止められないキリスト教への無力感がルネッサンスのきっかけになった。そしてローマカトリック教会がその象徴であるサン・ピエトロ大聖堂の改修費用をまかなうために免罪符を乱発したことで宗教改革が起きた。聖書のどこにも書いていないこんな行為で金集めを行う権威への信頼失墜が始まったのだ。

同じように現代でも、コロナ禍によって、なんとなく今まで権威だと思ったものが失墜した。また、加速するデジタルトランスフォーメーションなどにより、これまでありがたがられていたものが淘汰され、威光を失う権威もあいついでいる。暴力的なまでの富への執着が自然環境を破壊し、社会を分断し、このままいけば自分たちに大きなツケが回ってくることにも人々は気づき始めた。

コロナ禍が加速した過剰流動性はテクノロジーの進化に拍車をかけ、バイオテクノロジー、量子物理学から宇宙開発まで、あらゆる分野の研究・開発が従来以上に進んだ。今まで哲学や宗教が説いてきた人生観や空間の議論も大きく変わろうとしている。そして、AIやロボット、ブロックチェーンのような技術が、ある種のユニバーサルベーシックインカム制度を実現させていくだろう。働く意義や人生の過ごし方がコペルニクス的転回を始めている。

分野横断的な学びが自分の人生の謳歌につながる

今まで考えることを怠り追従してきた権威が失墜したことで、それに頼ることをやめ、人間一人ひとりが自分の個性に回帰して人生を自分のものとして追求し始めている。自分の人生を豊かに実りあるものにするためには、分野横断的に学び続けることが不可欠になってくる。

そもそも学問分野は人類が研究のしやすさのために分けていっただけ。この世は、人類が勝手に分けた学問領域で切り分けられない。小難しく考える必要はないが、数学も哲学も脳神経学もアートも素粒子物理学も全部結びついているのだ。

学びは学生時代で終わりの時代ではない。自分の人生を生きるには人生が終わるまで学んだほうがいい。いや、学ばないといけないのだ。「勉強しないと」なんて、肩に力が入ると学ぶ前に疲れるし、どうせやがて宇宙の藻屑となる運命の私たちなので、楽しくないと生きている意味がない。だから、次のことを気に留めながら、楽しく気楽に学び続けることをお勧めしたい。

・誰かの人生を生きる時代ではない
・自分の人生を生きるしかなく、真似すればいいモデルなどない。逆に自分しかできないことは人口の数だけある。アホな椅子取りゲームなど不要である
・人生を最後まで正しく望ましく設計して導いてくれる他人は誰もいない
・生きるだけでは暇すぎる時代となる
・変化以外に安定するものはなく、われわれを取り巻くすべてが加速して変化する
・相手にも自分にもわれわれが生きる空間にも歴史がある。歴史を知ることは相手も己もそれを取り巻く空間を理解する第一歩
・身の回りで起こることは少し前のファンタジーの世界のようになる。それを正しく理解しないと便利なものを便利に正しく使えない
・「教育」の在り方は劇的に変わってくる。担い手は公ではないだろう

人生は有限だ。最後に最高の思い出を持って死ぬために、常に学び続けよう。そこにアホがつけいる隙はない。

次世代にバトンを繋げるために、声をあげる

違和感を我慢してはいけない

人生を生き抜くのに、「忍耐力」はとても大事だ。その代表例としてマシュマロ・テストがある。それは、1960年代にスタンフォード大学の心理学者であるウォルター・ミシェル博士が考えた、幼児向けの心理実験のことだ。

4歳児を対象に、「目の前のマシュマロを15分間食べるのを我慢できたら、2個にしてあげる」といって立ち去り、その後、その子が我慢できるのかをみるというシンプルなものので、「目の前の欲求を我慢することで、将来の大きな成果を得る」ことを想定でき、かつ実行できるかどうかがテストされる。

その後何十年もの追跡調査の結果、マシュマロを我慢できた子どもほど、その後の人生で成功をおさめやすいという検証結果が出ている。

昨今ではこの検証結果に対して異議があるようだが、「明確な将来目的のために自制心を働かせる」ことはとても大事で、私も子育てにおいて重要視している。

ただ、なんでもかんでも「我慢」すればいいというものではなく、娘には違和感を覚えるものに対しては正直に嫌と言うように勧めているし、彼女は、そもそもそういう点では全然我慢しない。むしろ娘が私のロールモデルだ。

私は昭和の教育と社会のおかげで「違和感を封じ込める妙な忍耐力」を強制され、それを除去するのに結構時間がかかった。空気を読み、わきまえ、調和とおさまりを重視して、立ち上がらず声をあげず、黙ってきたのだ。

そのような姿勢は、自分と向き合えず、他人の目を気にして、ハッピーに生きることに苦労を強いられる。本当はおかしいと思っていても、自分の考えをうちに秘めたまま、社会や組織を進化させるために必要な問題提起もできなくなってしまう。

日本人は違和感に対する忍耐力が強すぎる。そのために心を病んで心身ともに不健康になり不幸になり、社会や組織も変化に対応できず全体で沈んでしまっているのではないかと思っている。

違和感に対しては正直であるように、次世代には伝えていくべきだ。そしてなにより、われわれも心がけていきたい。

調和と忖度は組織と社会を滅ぼす

世界は急速に「忖度を許さない人事制度、報告システム、幼児教育」を整備している。〝忖度は必ず不幸をもたらす〟からだ。

この激変の時代、リーダーが常に正しいわけがない。であれば、リーダーに対して、誰もはっきり意見を言わない組織に真の意思疎通も理解も結束もないだろう。

世界の企業はグローバル大企業からスタートアップまで、金融から製造業まで、告発誘発制度を整えている。新入社員ですら、直属の上司はもちろん、社長の方針にまで物申せるようになっている。しかも、人事のラインから確実に分断し、苦言や告発を誘発しながら、告発者を守る。もし上司や同僚がその密告に圧力をかけたら更に大問題になる仕掛けになっているという。社長を含めた上司や同僚には、密告の邪魔をしない徹底した研修が行われるそうだ。会社の方針に対する告発も奨励される。

友人が勤務する英国系金融機関で最初に徹底されたのは、「Speak Up」という告発制度の研修だという。メールやメッセンジャーなど多彩なルートでいつでも密告でき、密告者は完全にプロテクトされる。告発内容漏洩《ろうえい》や上部からの圧力から完璧に守られているというのだ。

教育においても、幼児段階から教師とフェアに接し教師に反論提言することをクラスの中で当たり前にしている。当然、教師は常に完璧に正解を知っている絶対の存在ではないことを前提として子供たちに叩き込んでいる。正しいと思うこと、やりたいと思うことを、我慢せずに言わせる。言うことを誘発し称える。これが、世界の主流だ。

なぜこのような制度にしているのか? 次のような理由が考えられる。

・組織として成長し、競争に勝つため
・リーダーに正しい判断をさせインテグリティ（誠実さ）を保持させるため
・有為な人材の能力を最大限活用するため
・有為な人材のモチベーションと能力進化の機会を持たせるため

・有為な人材を失わないため
・有為な人材を採用するため

グローバルな舞台でメンバーに忖度を要求したとたん、間違いなくその人は組織を去る。自由にものが言えない、上司に逆らえない組織にいい人材は残らないし、そもそも来ない。アホが年齢や家柄などのくだらない理由で偉そうにしている組織にいい人材が関心を持つわけがない。世界には成長して確かな実績を出していて、なおかつ文句を言え、反論できるリーダーがいる組織はたくさんある。優秀な人材は、そうした組織に所属したがる。先輩や同僚や調和優先で空気を読みあって黙っているような組織にまともな人材は絶対に来ないのだ。

もし、あなたがそんな組織に所属していたとしたら、どう行動をするのがいいだろうか。調和やメンツ最優先で物申さずにあなたは大切な時間を浪費し、やりたいことを追求せずに老いて成長せずに機会を失っていくことを選ぶのか。あるいは、相手の温情を黙って期待し、反論せず自分の希望や思いを主張せず過ごしていくのか。

いや、行動を起こすべきだ。次世代を担う人たちのために、自分たちが強いられてきた忖度や調和最優先に勝つため、成長するための戦略などない組織や社会を変えていこう。

一度しかない人生、遅すぎるということはないから、今からでも反旗を翻して自分のためにも次世代のためにも、空気を切り裂いて、間違っているものは間違っている、やりたくないものはやりたくない、アホなものはアホだ、と声を上げていこうではないか。もちろん、最低限のリスペクトは持ちながら。それでだめならそんな場所を離れたほうが長期的にはプラスになる。

日本は、組織も社会も調和最優先だ。その結果、成長も勝利も目指していない。衰退するのは、当たり前だ。忖度なしで意見を言え、成長を目指すことができる――自分の後に続く世代が力を発揮できる、そんな組織をつくっていこう。

アホに立ち向かえる次世代を！

これからの教育に必要なのは価値教育である。コーディングや語学も大事だが、何より子供たちに「勇気」を教えないといけない。間違っていると思うものに対して立ち上がって「間違っていると思う」と言える勇気だ。特に日本のように「空気を読みあう環境にある」場合はさらに重要になる。童話の中で裸の王様に「あんた裸だよ」というのは子供だが、空気を読まない子供のその感覚をさらに尊重し忘れず強化して保持してもらうのだ。

子供は「言っていることとやっていることが別」の人間を敏感に察知し、そういう人間の言うことをきかない。第2章でも触れたが、社会にソーシャルモビリティがなく、均質的な構成で同調圧力がかかる日本では事なかれ主義が蔓延する。「裸の王様」を指摘できない日本で、そんなことを教えられる人がいるのかは疑問だが……。とにかく、日本ほどアホが生まれやすい場所はない。その同調圧力を破って公の場で立場が上の人に反論でもしたら、モビリティがないのでその組織で陰に日向にイジメを受けることになりかねない。

誰も間違いを指摘する勇気を持てないことは、組織にとってもリーダーにとっても実は不幸なことなのだ。裸の王様になることは、組織を操縦する五感をふさがれることを意味する。内部の人間が五感として機能しなくなればそれは他者（市場、ライバル、顧客）によって指摘されることになり、気づくころには組織が傾いていることになる。なぜなら傾くまでリーダーや組織の上層部には正しい現状がわからないからだ。大本営発表も最後のほうは大本営の幹部自体がそれを信じてしまい戦況を見誤ったといわれている。

まずは、リーダー自身から反論を受け付け始めよう。リーダーは常に「自分が裸の王様になっていないか？」と自分から周りに働きかけ、物申しやすい環境を整えるべきだ。環境を整備すると同時に、告発者の能力とその告発内容の質を高めるためにも社員の能力を日頃から高め、情報公開も徹底していこう。

告発者にも、圧倒的実力を持つ強者に告発役を期待したい。印象に残っている出来事がある。２０２１年7月6日のヤクルトＶＳ阪神戦で阪神のベンチとランナーが犯したサイン盗みまがい行為に対して、ヤクルトの村上宗隆選手が三塁手として勇気をもって阪神陣営にもの申した。グラウンドはあわや一触即発の雰囲気に包まれたが、その勇気を私は心からリスペクトした。当時の村上選手は21歳と、まだ若手の域を出ない。それでいながら潰されなかったのは、２０２１年当時でも三冠王が視野に入る実績を残していたからだろう。それにしても年功序列でパワハラが横行している日本プロ野球界でよく立ち上がったと感心した。

同じように、日本社会で生きていくとしても、国際社会で生きていくにしても、次世代を担う人たちには勇気を身につけてほしい。

再び、イギリス文学者として高名な故・池田潔氏の『自由と規律　イギリスの学校生活』から4つの戒めを引用する。

「正直であれ」

「是非を的確にする勇気を持て」

「弱者を虐めるな」

「他人より自由を侵さるるを嫌うが如く他人の自由を侵すな」

この心をもって、私のような世代は次世代の踏み台になるべく、裸の王様にそろそろ「お召し物を召されないと免疫力が落ちて感染症にかかりやすくなってしまいますよ」とリスペクトを持って公に伝えるべき時なのかもしれない。この世界から、アホがいなくなればいいと願いながら。

おわりに

アホとは戦わないために「それでも一度はアホと戦え！」の真意

「アホと戦わないこと」が本当にいいのだろうか。それは逃げであり、アホを放ったらかしにすることは社会にとってよくないことではないのだろうか。

そう言いたくなる気持ちはよくわかる。みんなでアホと戦って成敗できれば、世の中がよくなるだろう。事実、「アホを成敗すること」を人生の目的として見出した人が、アホを成敗できる力を身につけていたら可能かもしれない。実はそれは私の夢でもあるのだ。

私が一番好きな映画は、ハリウッド映画の『イコライザー（The Equalizer）』だ。本作では、元米軍特殊部隊出身の猛者が、実社会の中で、アホをそのスキルで成敗していく。ストーリーや成敗のスキルにリアリティがあって、見ていてスカッとするし、「真面目に生きる弱者をいじめる悪を成敗する」行動は理想としたくなる。

この映画の第一作目の冒頭にマーク・トウェインの名言が引用される。「人生には最も大切な日が二つある。一つは自分が生まれた日。もう一つは自分が何のために生まれてきたか見出した日である」というものだ。この主人公は米軍特殊部隊のエリート隊員として派遣先でダーティな任務もこなして、悩み苦しんだあげくに、自分の人生の目的を「弱者をいじめるアホを成敗する」ことに見出した人物だ。無敵の戦闘能力と頭脳を持っている主人公によるハッピーエンドの成敗ストーリーなので、胸のすく勝ち方をする。

私は何度もこの映画を見ている。主人公の生き方に純粋にあこがれ、少しでもマネしたいと思っている。

でも、この主人公と私は二つの点で大きな違いがある。

①私にはアホを確実に成敗できるスキルがない。そのことは、何度も戦って何度も敗れ、悔しくて眠れない日々をたくさん過ごして確信した。

②私の人生の目的はアホを成敗することではない。

もちろん結果的にたくさんの人たちを難局から救いたいと思ってはいる。だが、私の人生の目的達成を考えると「アホと戦う」エネルギーや時間が無駄でしかない。そんな暇はないのだ。それどころか自分の人生の目的を達成し、それを通して多くの人を救えるなら、アホに土下座だってできる。

アホは世界中にいる。人間社会で一定の割合でアホが出てくるのは仕方ないと思う。それを一つひとつつぶしていくより、自分のやり方で、自分の人生の目的達成を通じて、多くの人を救えるならその方がずっと素晴らしいことではないかと私は思う。

私は自分の本の中で「それでも一度はアホと戦え！」と記している。それは、アホと戦うことの意義を体感してほしいからだ。それが人生の目的たりうると思われるなら、どんどん戦えばいい。そして、アホに勝てるスキルがご自身にあるのか確かめてほしい。アホというのは実は手強くて、ハリウッド映画のようにはいかないことが多いだろう。下手をしたら肉体的にも精神的にも強いダメージを受けてしまうかもしれない。まずは致命的にならない範囲でアホと戦ってみるといい。

その上で、私の主張の要点は「逃げる」ことでないことを覚えていてほしい。「戦う」とか「逃げる」という視点を超えて、「アホと戦う時間とエネルギーがあるならそれを自分と向き合い自分をみつめることにあてて、人生の目的を見出し、それにまい進してほしい」というのが私の考えだ。

あなたが立場のある人間になったのなら、本書で記したように部下や取引先などに対しても謙虚にリスペクトを持ち、丁寧に接してほしい。そして、自分の人生を中心に置き、目的を達成し、最高の思い出と共に人生を終えられるために全力で努力をしてほしい。アホに惑わされることなく、また、あなた自身がアホになることなく、リーダーとして次の世代へとバトンをパスできる人生を送ってほしい。それが本書に込めた願いだ。

田村 耕太郎（たむら・こうたろう）

国立シンガポール大学リークワンユー公共政策大学院 兼任教授。2023年、一橋大学ビジネススクール客員教授。カリフォルニア大学サンディエゴ校、グローバル・リーダーシップ・インスティテュート フェロー。

早稲田大学卒業後、慶應大学大学院（MBA）、デューク大学法律大学院（LLM）、イェール大学大学院（MA）各修了。オックスフォード大学AMPおよび東京大学EMP修了。

山一証券会社にてM&A仲介業務に従事。米国留学を経て大阪日日新聞社社長。2002年参議院議員に当選し、2010年まで参議院議員。第一次安倍政権で内閣府大臣政務官（経済・財政、金融、再チャレンジ、地方分権）を務めた。

2010年イェール大学フェロー、2011年ハーバード大学リサーチアソシエイト、世界で最も多くのノーベル賞受賞者（29名）を輩出したシンクタンク「ランド研究所」で当時唯一の日本人研究員を歴任。2012年、日本人政治家で初めてハーバードビジネススクールのケース（事例）の主人公となる。他、米国、シンガポール、イスラエル、アフリカのベンチャーキャピタルのリミテッド・パートナーを務める。

2014年より、国立シンガポール大学リークワンユー公共政策大学院兼任教授としてビジネスパーソン向け「アジア地政学プログラム」を運営し、20期にわたり500名を超えるビジネスリーダーたちが修了。米ミルケン・インスティテュート アジアフェローも務める。2022年よりカリフォルニア大学サンディエゴ校でもアメリカ地政学プログラムを主宰。CNBCコメンテーター、企業のSDGsスコアをAIで可視化するサービスRIMMの主席アドバイザー、世界最大のインド系インターナショナルスクールGIISのアドバイザリー・ボードメンバー。

世界のスタートアップに投資するエンジェル投資家でもあり、Web3.0、クライメートテック、フードテック、ロボット、教育関連中心にシリコンバレー、イスラエル、アフリカ、東南アジア、インドで投資を行う。スペースX社、ツイッター社、サンドボックスVR社にも投資。

シリーズ80万部突破のベストセラー『頭に来てもアホとは戦うな!』（朝日新聞出版）、『地政学が最強の教養である』（SBクリエイト）など著書多数。

頭に来てもアホとは戦うな!
賢者の反撃編

2023年 4 月30日　第 1 刷発行
2024年 4 月10日　第 4 刷発行

著者　田村耕太郎

発行者　宇都宮健太朗

発行所　朝日新聞出版
〒104-8011　東京都中央区築地5-3-2
電話　03-5541-8832(編集)
電話　03-5540-7793(販売)

印刷製本　TOPPAN株式会社

Published in Japan by Asahi Shimbun Publications Inc.
ISBN 978-4-02-251895-8